I0082176

# LA POLITICOMANIE,

ou

## DE LA FOLIE
ACTUELLEMENT RÉGNANTE EN FRANCE.

GRENOBLE, IMPRIMERIE DE VIALLET, PLACE NEUVE.

# LA
# POLITICOMANIE,

OU

## DE LA FOLIE
### ACTUELLEMENT RÉGNANTE EN FRANCE,

## PAR SYLVAIN EYMARD,
DE GRENOBLE.

Ut olim flagitiis, sic nunc legibus
laboramus.
TACITE.

## PARIS,
THOISNIÈRES-DESPLACES, LIBRAIRE,
Rue Dauphine, n° 20;
M<sup>me</sup> VEUVE CHARLES BÉCHET, LIBRAIRE,
Quai des Augustins, n° 57,
ET TOUS LES MARCHANDS DE NOUVEAUTÉS.

—

## 1832.

# LA POLITICOMANIE,

## OU

## DE LA FOLIE

ACTUELLEMENT RÉGNANTE EN FRANCE.

Tous les hommes sont fous, a dit un sage, et ce sage avait raison. Quelle différence y a-t-il, en effet, entre l'avare qui meurt de faim auprès de son trésor, le savant qui s'épuise à deviner des secrets impénétrables, le poète qui passe sa vie à entasser des rimes, le guerrier qui se fait vaillamment tuer sur le champ de bataille, l'individu qu'enorgueillit un bout de ruban à sa boutonnière, le républicain de bonne foi, un disciple de St-Simon et, enfin, un homme qui parle toujours politique; quelle différence, dis-je, y a-t-il entre ces gens-là et les fous qu'on enferme chaque jour à Charenton?

1

L'idée que tous les hommes sont fous est fort ancienne. Le philosophe Stertinius était de cet avis. Chrysippe enseignait dans son école que tout homme qui ne connaissait pas la vérité était un fou. Horace s'exprime ainsi dans l'une de ses satires :

« O vous que le désir des richesses et une vaine ambition dévorent et pâlissent! vous qu'une sotte superstition aveugle et rend tristes ! vous enfin qui brûlez d'amour ou de quelqu'autre passion ! je vous conjure de m'écouter attentivement. Venez les uns après les autres, et je vous prouverai que vous êtes tous fous, etc. »

Voici comment Voltaire débute dans son premier chant sur l'homme :

Ce monde est un grand bal, où des fous déguisés
Sous les risibles noms d'éminence et d'altesse
Pensent enfler leur être et hausser leur bassesse.
En vain des vanités l'appareil nous surprend;
Les mortels sont égaux, leur masque est différent.

Bossuet, de son côté, observe dans un de ses sermons « que le grand malheur de la vie humaine est que nul ne se contente d'être insensé seulement pour soi, mais veut faire passer sa folie aux autres. » Le docteur Clarke, dans son Traité de l'existence de Dieu, prétend que le genre humain se trouve dans un état où l'ordre

naturel des choses de ce monde est manifeste-
ment renversé; et un autre auteur assure que le
déluge universel a peut-être autant dérangé le
monde moral que le monde physique, et que
les cervelles humaines conservent encore l'em-
preinte des chocs qu'elles reçurent alors. Une
femme de beaucoup d'esprit, et que je me plais
à citer comme autorité, M^{me} de Staël reconnaît
que tout est folie dans ce monde, hormis le soin
qu'on prend de son existence, et que partout
ailleurs il peut y avoir erreur et illusion.

Enfin, M. de Châteaubriand déclare, dans une
brochure qu'il vient de publier, que la pire des
périodes que nous ayons parcourues est celle où
nous sommes, parce que l'*anarchie* règne dans
la raison, dans la morale et dans l'intelligence.

Voilà qui est positif. Si ces grands observateurs
ont raison, les cervelles humaines sont détra-
quées, et ce monde n'est qu'un véritable hôpital
de fous.

Il est certain qu'à bien considérer nos actions,
autres que celles qui ont pour objet la conservation de l'individu et de l'espèce, elles sont
toutes un écart de nos facultés intellectuelles et
constituent évidemment un état de folie. Ce n'est
pas que je conteste à l'homme la faculté de penser
un peu, faculté que lui refusent quelques philosophes, qui pensent fort bien eux-mêmes, mais

je crois sincèrement que nous ne sommes point destinés à penser comme nous pensons aujourd'hui, et que l'entendement humain est hors des limites qui lui ont été assignées par la nature.

Qu'on nomme cet écart développement de l'intelligence, progrès des lumières, perfectibilité; peu importe. Le fait est que la raison est l'usage modéré du sentiment intellectuel ou des facultés, très-restreintes, qui sont l'apanage de l'esprit; et que la folie, d'après les auteurs qui s'en sont spécialement occupés, n'est autre chose que l'exaltation d'un sentiment, d'une affection, d'une passion, ou, en un mot, l'usage immodéré de l'intelligence. Or, si nous tirons une ligne de démarcation entre les facultés purement naturelles et celles qui sont factices ou le résultat de l'éducation, le monde moral se trouvera divisé en deux parts très-inégales, et nous présentera, d'un côté, le cercle étroit où se meut la raison, et, de l'autre, le domaine immense, le vaste champ de la folie.

Quelles sont les connaissances naturelles qui appartiennent à la première et au-delà desquelles elle s'égare? Au premier abord il n'est point facile de les distinguer; Rousseau observe même que ce n'est pas une légère entreprise que de démêler ce qu'il y a d'originaire et d'artificiel dans la nature actuelle de l'homme, et de bien reconnaître un état qui n'existe plus, qui n'a peut-être point existé et qui probablement n'existera jamais, et dont il est pourtant nécessaire d'avoir des notions justes pour bien juger de notre état présent.

Toutefois, cette difficulté n'est point aussi grande que le croyait le philosophe de Genève. Chez les animaux, les facultés naturelles et nécessaires à leur existence se développent d'elles-mêmes et spontanément. L'essaim qui vient de naître vit dans une société parfaitement organisée, et construit son admirable demeure avec autant d'adresse et de précision que s'il existait depuis des siècles. Le castor n'étudie point les règles de l'architecture pour bâtir son manoir, et l'enfant qui reçoit le jour suce très-bien le sein de sa nourrice sans connaître les lois de l'hydraulique.

Les connaissances artificielles, au contraire, sont chez eux le fruit du hasard et d'une éducation laborieuse. Jamais ils ne les acquièrent subitement; il leur faut des siècles pour les ériger en systèmes arbitraires et fragiles. Or, c'est de cette lenteur de progrès et du hasard, qui en est toujours la cause, que je tire la preuve incontestable que les connaissances en question sont contre nature, et que l'homme ne devrait point les acquérir.

Vainement l'on objecterait que l'intelligence

humaine est nécessairement lente et graduelle dans ses progrès scientifiques, et que, puisqu'elle est parvenue de nos jours au point de *perfection* où elle se trouve, c'est qu'elle devait *naturellement* y arriver ; car l'aptitude qu'ont tous les animaux à apprendre certaines choses, qui sortent du cercle de leurs habitudes, ne prouve point qu'ils soient destinés à faire cet apprentissage, et celui qui soutiendrait sérieusement que l'homme est ici-bas pour étudier l'astronomie, pour bailler au cours de M. Cousin, pour divaguer à la tribune nationale et pour se livrer aux mille et un riens qui occupent son esprit, par la seule raison qu'il est capable de faire tout cela, se trouverait dans la nécessité d'admettre aussi que tous les chiens sont créés pour devenir des *Munito*, et l'espèce chevaline pour aller danser le menuet chez Franconi, puisqu'il est des chiens et des chevaux qu'on élève de la sorte et qui s'en acquittent fort bien.

Il est donc facile de distinguer les facultés, ou plutôt les connaissances naturelles, de celles qui ne le sont pas. Il suffit pour cela de considérer comment elles se développent : si c'est d'une manière spontanée, régulière, uniforme, ou si elles sont l'effet d'une éducation préliminaire. Dans le premier cas, elles découlent d'une loi générale qui les rend en tout et partout les mêmes, qui

fait qu'elles naissent et s'exercent sur notre hémisphère comme aux antipodes ; dans le second,
elles n'ont rien de nécessaire, elles varient selon
les temps, les lieux, les individus, et sont sujettes
à une instabilité perpétuelle. Si, par exemple,
nous regardons une fourmilière, nous admire-
rons l'activité et la prévoyance qui y existent.
Nous serons étonnés que ces petits êtres puissent
ainsi, depuis que le monde est monde, et en
Amérique comme en France, en Norwége comme
à la Nouvelle - Hollande, se conduire avec une
sagesse exemplaire et vivre dans la plus parfaite
harmonie, sans autre étude que l'instinct qui les
guide, sans autres lois que celles de la raison
qu'on leur conteste. Nous sentirons que ces animaux sont doués de beaucoup d'intelligence, de
grandes facultés naturelles, et qu'ils sont certainement destinés à vivre en société.

Si nous promenons ensuite nos regards sur les
divers peuples qui se disent raisonnables et polis,
et que nous les voyions, malgré leurs sciences,
leurs codes, leurs gendarmes et leurs échafauds,
malgré la philosophie qui les encourage et la
religion qui les console, malgré les efforts inouïs
qu'ils font pour se maintenir en paix et en pros-
périté ; si, malgré tout cela, dis-je, nous voyons
que ces peuples soient animés de passions hai-
neuses et funestes, que ce qui est juste chez l'un

soit injuste chez l'autre, qu'ils conspirent sans cesse contre l'ordre de choses établi et la société dont ils sont membres, qu'ils essaient de tous les gouvernemens sans en trouver un qui leur convienne, qu'ils se battent et s'égorgent comme des loups, et qu'enfin il n'y ait de durable chez eux que le vice et la méchanceté, nous dirons sans doute que voilà des hommes bien pervers ou bien fous, des êtres qui sont dans un état contre nature, et qui, loin de vivre dans des sociétés qui ne sont point faites pour eux, devraient retourner dans les antres et les bois d'où ils sont sortis mal-à-propos.

Et remarquez bien qu'il n'y a de mauvaises et de folles que les connaissances acquises par nous. Les connaissances naturelles sont essentiellement bonnes et conservatrices; jamais elles ne tournent au désavantage de l'individu qui les possède, et de l'espèce à laquelle il appartient; c'est la nature qui les inspire, et l'on sait que tout ce qui émane d'elle est parfait. Le moindre inconvénient des connaissances artificielles est au contraire leur inutilité; toujours elles sont vaines et erronnées, toujours elles fatiguent le corps et tyrannisent l'esprit de celui qui en est le jouet; en un mot, leur maligne influence est telle dans ce monde, qu'elles y deviennent la cause de tous nos malheurs.

Qu'on en pense ce qu'on voudra ; moi je dis qu'un savant est un fou, qu'un littérateur est un fou, qu'un philosophe est un fou, qu'un orateur est un fou et qu'un politicomane est le plus grand de tous les fous.

Otez au répertoire des connaissances humaines les langues, les mathématiques, la physique, la littérature, le droit, la médecine, la religion, la politique, toutes les frivolités qui nous torturent et exaltent l'esprit, vous aurez l'homme dans son état de simplicité originelle, un être dont l'intelligence extrêmement bornée ne produira que quelques idées relatives à la conservation de sa personne et de son espèce ; vous aurez l'homme vraiment heureux et raisonnable, l'homme de la nature.

On rira peut-être de cette idée renouvelée de Jean-Jacques. Mais, je le demande de bonne foi, quel est le plus heureux ou le plus raisonnable d'un membre de l'Institut, que la science dessèche, ou d'un rustre ignorant, qui n'a d'autre souci que de manger, de boire, de dormir et de faire l'amour? Considérez un peu le premier, avec son télescope braqué vers le ciel, ou se creusant le cerveau pour trouver une rime, imaginant un système pour expliquer ce qui est inexplicable, allant au bout du monde pour faire quelque découverte insignifiante, suant sang et eau pour composer un ouvrage qui n'a pas le sens commun, et dites-moi, je vous prie, s'il n'est pas malheureux, s'il n'est pas bien fou ? Regardez maintenant le rustre, qui ne s'inquiète pas si la terre est ronde ou plate, si le soleil est ou non au centre de l'univers, qui digère fort bien, sans thé et sans savoir si c'est par fermentation ou trituration, qui fait de très-beaux enfans sans connaître les divers systèmes sur la génération, qui nait, vit et meurt sans savoir ni comment ni pourquoi, et dites-moi encore s'il n'est pas heureux, s'il n'est pas très-sensé ?

L'homme du monde a beau se faire illusion sur les idées chimériques qui l'obsèdent et dont il s'enorgueillit ; il a toujours quelques instans lucides et de recueillement, pendant lesquels il peut en apercevoir le vide et l'extravagance.

En définissant la folie, un abus de l'intelligence, une exaltation du sentiment ou une aberration des facultés intellectuelles, il est évident que tous les hommes en sont plus ou moins atteints, et que cette folie varie chez eux selon le tempérament, l'éducation et les inclinations qu'ils ont reçues en partage. Ainsi, elle doit présenter des nuances progressives et toujours croissantes, depuis l'homme aimable qui a la manie de plaire et qui plait effectivement, jusqu'au furieux qui se fait craindre et qu'on met à l'attache.

Mon but n'est point de rechercher dans cet
aperçu la cause première de cette étrange anomalie. Je laisse aux naturalistes et aux philosophes le soin de nous expliquer s'il faut l'attribuer
à un châtiment céleste ou à une dégénération de
l'espèce humaine, à une nécessité de notre organisation ou à une maligne influence de la lune.
Ici, je veux constater un fait important, sans
chercher à l'expliquer. Toutefois, je dois rap-
peler qu'un docteur célèbre enseignait, il y a
quelques années, que le siége de la folie était à la
surface du cerveau , où elle formait vingt-sept
petites protubérances osseuses. L'auteur de ce
système ingénieux regardait chaque bosse ou
protubérance comme produite par un penchant
ou une *monomanie* particulière. Il prétendait
que, selon les inclinations qu'on tenait de la nature ou qui se développaient par l'effet de l'éducation, quelques-unes de ces saillies dominaient
sur les autres, mais il ne s'expliquait pas sur leur
origine première ni leur mode de formation. Il
paraîtrait, si ce système est vrai, qu'avant sa
chute l'homme devait avoir la tête aussi ronde et
aussi unie qu'une boule, mais qu'à mesure que les
vices moraux et progressifs de la société l'ont
affligé, son cerveau s'est distendu et s'est bosselé
comme il est aujourd'hui.

La plaisante analogie que ce système établit

entre les bosses de la tête et celles du dos doit faire espérer que messieurs les orthopédistes, qui font marcher les boiteux et dressent les bossus, voudront bien désormais appliquer leur art merveilleux aux gibbosités de la tête, et rechercher s'il n'y aurait pas moyen d'enfoncer les vilaines protubérances qui la déparent et lui font faire tant de sottises.

Peut-être que le système de Gall, que je viens d'exhumer, et le conseil donné aux orthopédistes, d'étendre leur pratique jusqu'à la tête, vont faire jeter les hauts cris aux savans et autres gens illustres dont le cerveau est une véritable manufacture d'idées nouvelles. Comment, en effet, persuader aux orateurs, qui font résonner la tribune française dans les quatre parties du monde, que leur immense talent se trouve renfermé dans une petite bosse osseuse moins grosse qu'une noisette! qu'en déprimant cette petite bosse on leur paralyserait la langue! Comment convaincre messieurs de l'Institut que tout leur savoir tient au développement contre nature d'une molécule cérébrale, qu'une chute, une fièvre, un orthopédiste peuvent réduire à zéro! Comment, enfin, faire entrer dans la tête d'un savant cette vérité désespérante, déjà proclamée par Figaro, qu'il n'est qu'une bête ou plutôt un fou!

Quoi qu'il en soit et quoi qu'il arrive, il est de

fait que le docteur Esquirol, qui possède une riche collection de cinq cents crânes de fous, parmi lesquels se trouve celui de plusieurs grands hommes, a reconnu que ces individus-là avaient les os de la tête épais et fort bosselés. Celle de Napoléon, au rapport du docteur Antomarchi, présenta à son examen dix énormes protubérances, qui étaient celles de la dissimulation, des conquêtes, de la bienveillance, de l'imagination, de l'ambition, de l'individualité, des localités, du calcul, de la comparaison et de la folie. Ce qu'il y avait de plus extraordinaire dans la réunion d'un aussi grand nombre de protubérances, c'est que l'une d'elles aurait suffi pour faire partir la tête à un homme ordinaire.

Un fait certain encore, est qu'un disciple de Gall, aujourd'hui médecin distingué à Paris, et qui s'occupe beaucoup de cranologie, m'a assuré avoir palpé la tête des hommes les plus marquans de l'époque, tels que MM. Talleyrand, Lafayette, Benjamin Constant, de Pradt, Lamarque, Casimir Périer, Villèle, Châteaubriand, Martignac, Mauguin, Barrot, etc., etc., et avoir trouvé chez eux une protubérance nouvelle qui tend à absorber toutes les autres et à boursoufflér la tête comme un ballon : c'est la protubérance de la *politique.*

Il n'est point étonnant que du temps de Gall

cette bosse n'existât pas. Alors la politique n'était pas à l'ordre du jour, et si ce grand observateur s'était avisé de lui faire jouer un rôle dans son système, Napoléon, qui n'entendait pas raillerie là-dessus, et qui ne voulait reconnaître à ses peuples d'autres protubérances que celles de la gloire et des conquêtes, lui aurait assurément fait un très-mauvais parti. Dès-lors, Gall se tut, ou plutôt ne put reconnaître une protubérance qui, bien que datant de 1789, avait été violemment réprimée par le despote et ne laissait presque plus de traces.

A l'égard de la lune, je ne suis point de l'avis des esprits forts ou incrédules, qui prétendent la déshériter tout-à-fait de son antique influence sur les choses de ce monde, particulièrement sur les cervelles humaines. En effet, malgré l'observation de tous les temps et l'extravagance périodique de bien de nos contemporains dont le génie plane dans les régions supérieures, de grands écrivains en matière de folie soutiennent que le satellite de la terre est sans action sur les fous, et que ce n'est que la pâle clarté de cet astre qui offusque ces messieurs. Mais l'on ne me persuadera jamais qu'un corps qui a 2,139 lieues de circuit et qui n'est qu'à 80,000 lieues de la terre, qu'un globe qui se presse et s'attire journellement avec elle, au point de soulever l'im-

mense surface des mers, et d'y exciter l'orage,
la tempête et toutes nos vicissitudes atmosphéri-
ques, soit sans action sur un petit morceau de
cervelle telle que la nôtre.

Du reste, l'incrédulité doit cesser lorsque l'évidence devient mathématique; et des calculs faits
par plusieurs observateurs dignes de foi, notam-
ment par l'abbé Bertholon, démontrent que c'est
principalement aux nouvelles et aux pleines lunes
que les maniaques entrent en fureur, et que c'est
à ces mêmes époques que les morts subites et les
coups de sang deviennent plus fréquens.

Mais, si certaines phases de la lune ont une
action directe sur les individus pris isolément,
ne serait-il pas possible qu'elles exerçassent aussi
une influence pernicieuse sur les masses d'hommes, qu'on appelle *peuples*, et qu'elles y pro-
duisissent ces agitations intestines, ces grands
bouleversemens qu'on appelle *révolutions?*

C'est aux chronologistes du jour qu'il appartient de compulser les anciens calendriers, et de
rechercher si les principaux évènemens de ce
monde ne se rapportent pas aux époques présu-
mées influentes. Pour moi, je me contenterai d'ou-
vrir l'almanach de 1830 et de faire remarquer
que la révolution de juillet éclata tout juste un
jour de premier quartier....., et que celles de
Bruxelles, de Varsovie, de Bologne, de Modène,

de Rome et de Lyon coïncidèrent aussi avec cette phase de l'orbite lunaire.

Ainsi, indépendamment de la folie particulière qui attaque isolément les individus, il est des folies générales et d'imitation qui frappent tout un peuple de vertige et le rendent collectivement fou. C'est une maladie épidémique et contagieuse qui, de proche en proche, envahit rapidement les états les plus étendus et subjugue toutes les têtes. Sa durée est ordinairement d'un siècle, sans que les efforts du petit nombre de sages qui échappent à la contagion puissent l'adoucir et moins encore la faire cesser. A mesure qu'elle approche de ce terme, on la voit perdre de son intensité et s'éteindre par degré pour céder la place à un autre genre de folie, car chaque siècle a eu la sienne, et il semble que les hommes soient destinés à changer continuellement de grelots et de marotte pour embellir la société, qu'ils *perfectionnent*, et pour avoir toujours une idée fixe qui les tourmente.

Ainsi, ils furent d'abord simples et superstitieux, puis religieux à la fureur, puis tendres troubadours, puis alchimistes ; après, savans, molinistes, jansénistes, poètes, littérateurs; enfin, philosophes, législateurs, guerriers et républicains ; en sorte que, par suite de ces différentes manies, toujours portées à l'excès, et datant de l'origine de la société parmi eux, on les a vus successivement courir après Dieu, le diable, leur belle, la pierre philosophale, le mouvement perpétuel, la science, les arts, l'ennemi et le meilleur des gouvernemens possibles, car un gouvernement parfait est ce qui les occupe actuellement avec le plus d'ardeur.

Et observez bien que toutes ces folies passées, desquelles nous autres gens sensés rions aujourd'hui, telles que la sorcellerie, la quadrature du cercle, le mouvement perpétuel, la science infuse et autres belles rêveries de cette espèce, ont très-sérieusement occupé nos aïeux, qui se moquaient eux-mêmes de l'extravagance de leurs devanciers, comme nos neveux se moqueront un jour de la nôtre. Ainsi va le monde, et Dieu a voulu que tout le travail d'une génération qui finit fût un sujet de pitié et de risée pour la génération qui commence.

Mais, va-t-on dire, s'il est vrai, comme vous l'assurez, que les Français du dix-neuvième siècle, et généralement tous les peuples qui ont l'inestimable avantage de vivre à une époque de lumières et de perfection, soient fous et tout aussi fous qu'au temps des croisés, de Don Quichotte et de Cagliostro, quelle est donc leur folie ? Leur folie, bon dieu ! eh ! messieurs, c'est la politique, cette passion funeste, ce *choléra* épidémique,

BIBLIOTHÈQUE ROYALE

2

qui sème le deuil et la désolation sur tout notre continent, et qui seule y a peut-être déjà plus fait couler de sang et de larmes que toutes les folies qui l'ont précédée.

Vous le savez, depuis près d'un demi-siècle, affranchis d'un joug que nous appelions l'esclavage, pour nous placer sous un autre joug que nous appelons la liberté, nous étudions et nous mettons en pratique une prétendue science qui apprend aux hommes l'art de se gouverner. Nous nous gouvernons en effet si bien que, grâces à l'insurrection, à la guillotine et aux coups d'état, nous avons substitué la monarchie constitutionnelle au pouvoir féodal, la nation à la monarchie, la république à la nation, le directoire à la république, le consulat au directoire, l'empire au consulat, la monarchie constitutionnelle à l'empire; une seconde fois l'empire à la constitution, encore un coup la monarchie à l'empire; enfin, la souveraineté du peuple français à la charte des Bourbons, c'est-à-dire qu'en moins de quarante et quelques années, et semblables à un convulsionnaire qui s'agite dans son lit pour trouver une bonne place, nous avons changé dix ou douze fois de gouvernement, espérant toujours d'être mieux et nous trouvant toujours plus mal.

Voilà ce que je présente en gros comme une bonne et belle folie, qui, plus d'une fois, aurait mérité les petites maisons et l'attache, s'il avait été possible d'attacher une nation tout entière. Mais il est juste de reconnaître que la faute en est autant aux principes qu'aux hommes, ou, plutôt, qu'elle doit presque entièrement être attribuée aux législateurs insensés qui, les premiers, n'ont pas craint de proclamer, en tête de leur code, que le peuple était souverain et l'insurrection le plus saint des devoirs. Quand de pareils préceptes courent les rues et excitent la tourbe populaire au désordre et à l'anarchie, il ne faut s'étonner que d'une chose, c'est qu'en France nous n'ayons pas changé de gouvernement toutes les vingt-quatre heures, et qu'au bout du compte nous ne soyons pas tombés dans une anarchie complète. En vérité, les gouvernés sont moins fous que les gouvernans, et c'est un hommage qu'il faut leur rendre

Une erreur capitale en politique est celle de croire à la possibilité d'un gouvernement parfait, sans préalablement établir si l'homme est bien né pour être gouverné de la sorte, car s'il est démontré que sa condition n'est point de vivre en société, ou du moins dans des sociétés organisées comme celles d'aujourd'hui, il en résulte que tout gouvernement est essentiellement mauvais pour lui, et qu'aucun ne peut lui être avantageusement appliqué. Or, une réflexion bien simple prouve que l'homme n'est pas fait pour être gouverné comme on l'entend , et que ses législateurs , partant d'une fausse supposition, se trompent et s'égarent.

Déjà j'ai fait remarquer que la nature, sage et prévoyante dans son ouvrage , malgré les imperfections apparentes que nous lui trouvons, a assigné aux différentes espèces d'animaux certaines aptitudes qui les dirigent invariablement dans tout ce qui doit tendre à leur bien et à leur conservation. J'ai cité l'exemple des abeilles, du castor, de l'enfant qui vient de naître, et j'aurais pu citer tous les animaux de la terre, car aucun n'a été oublié dans cette sage répartition. L'homme ne doit donc point former une exception, et s'il est vrai, comme il le dit, qu'il soit le premier et le plus parfait de tous les animaux, il est impossible que la nature l'ait jeté dans un coin de ce monde sans déterminer le mode d'existence et la condition qu'il doit y avoir.

Cela posé , je demanderai si la nature a voulu que l'homme vécût dans ces agrégations tumultueuses qu'on nomme états, et qui se composent de dix à cinquante millions d'individus entassés les uns sur les autres?

Il faudrait bien le reconnaître si ces états présentaient l'aspect d'une vaste machine mue par une force régulière et bienfaisante, et dans laquelle on verrait régner le bonheur et la concorde. Mais quand, au lieu d'états prospères, on aperçoit des peuples chez qui les intérêts généraux et particuliers se choquent et se détruisent continuellement en menaçant dans leur lutte l'existence du corps social; des peuples qui sont toujours tourmentés par la guerre, la peste, la famine et tous les fléaux imaginables, qui, dans le sein même de leur société infernale et au milieu de leurs familles, se détestent et vivent comme des bêtes fauves; quand on voit des hommes qui, en dépit de tout cela, cherchent depuis six mille ans, c'est-à-dire depuis toute mémoire historique, un bon gouvernement, sans pouvoir le trouver, il y a de la folie, que dis-je, il y a de la sottise à dire qu'ils sont nés pour vivre dans des sociétés organisées comme elles le sont, et il est de là dernière évidence qu'une autre condition doit être la leur.

Quelle est cette condition? Il faudrait être dieu pour le dire; mais, s'il est permis de former des conjectures à cet égard, je répondrai que, sans partager l'opinion de Rousseau, qui veut que l'homme vive seul et à quatre pattes dans les forêts, il est on ne peut plus probable que sa véritable destinée n'est point de se réunir par millions et de composer ces masses civilisées qui surchargent le globe.

Il paraît que, dans le principe, les hommes devaient s'assembler en peuplades de quelques centaines d'individus, tout au plus, et former ainsi de petites sociétés qui se passaient de lois écrites et suivaient seulement quelques usages consacrés par l'expérience ; mais que, renonçant plus tard à cette vie simple et calme, par l'effet d'une corruption croissante et peut-être nécessaire, et composant des sociétés plus nombreuses, plus compliquées, ils transgressèrent par le fait le vœu de la nature et rendirent désormais pour eux tout bon gouvernement impossible.

Il paraît d'ailleurs que ces amas d'hommes, qui se pressent et finissent par s'égorger ou périr de misère, proviennent aussi d'une cause physique indépendante de leur volonté. Le globe, par une obliquité qui augmente toujours, tend à rendre certaines contrées très-rigoureuses et même inhabitables. De là, la migration d'hommes que nous appelons barbares et qui, séduits par les douceurs d'un climat moins inhospitalier que le leur, sont venus, à différentes époques, inonder nos pays méridionaux et accroître une population déjà excessive.

En effet, que nos casuistes se fâchent s'ils le veulent ; je leur dirai : Nous peuplons trop, voilà le mal. Et pense-t-on que, dans l'état de nature ou approchant, nous eussions peuplé comme nous faisons? Voyez ce qu'était l'Amérique à l'époque de sa découverte, voyez ce que sont les pays actuellement sauvages et pourtant habités par des hommes qui font des enfans à leur guise, et vous reconnaîtrez, en les comparant aux nations policées, que dans celles-ci il y a certainement quelque chose de très-prolifique et d'évidemment contraire aux vues de la nature.

Le genre humain se compose de huit cent millions d'ames environ. Sur ce nombre, cent quatre-vingt millions, ou à peu près le quart du total, habitent notre petite Europe, qui n'est qu'une province ou même un département comparativement aux trois autres parties du monde, c'est-à-dire que, pendant que nous sommes les uns sur les autres entre l'Océan, le Pont-Euxin et la Méditerranée, nos frères les Africains, les Asiatiques et les Américains prennent leurs franches coudées chez eux et peuvent s'adjuger un arpent carré par individu !

Maintenant, quelle est celle de ces quatre parties du monde qui est la mieux gouvernée ? Pour l'Amérique, n'en parlons pas ; c'est une fille corrompue qui, avec ses colons, ses vices et ses travers, ressemble à la vieille Europe sa mère. Supprimez l'Océan ; adossez le Brésil au Portugal, le Mexique à l'Espagne, les colonies françaises à la métropole, enfin les Etats-Unis à l'Angleterre, en laissant de côté les indigènes, qui se gouvernent à leur manière et qui n'en sont pas plus malheureux, et, à quelques nuances près, vous n'aurez plus qu'un seul et même hémisphère. Arrivons donc net à l'Europe, et voyons ce qui s'y passe.

Ici, nous trouvons d'abord Sydney, Blackstone, Montesquieu, Rousseau et autres faiseurs d'utopies, qui nous apprennent que Lycurgues, Solon, Numa et tous leurs devanciers en législation, étaient des charlatans qui trompaient et tyrannisaient leurs peuples ; que tous les rois de l'Europe sont des despotes qui vexent et pressurent leurs sujets. Si nous examinons ensuite la vertu du baume politique qu'eux, législateurs modernes, conseillent à ces pauvres sujets pour se guérir de la misère et de l'esclavage qui les affligent, nous voyons que, malgré un traitement qui dure depuis fort long-temps, lesdits sujets n'ont cessé, après comme avant l'emploi du spécifique, d'être volés, emprisonnés, torturés, étranglés, brûlés, guillotinés, fusillés, mitraillés et empalés ; que des impôts exorbitans les écrasent et les ruinent; que des lois détestables les oppriment, le tout pour leur plus grande félicité présente et future, et, levant les épaules de pitié en considérant l'état de perfectibilité sociale où est parvenue la savante Europe, nous continuons notre course rapide vers l'Afrique et l'Asie.

Là, dans des contrées qui furent autrefois le berceau de la civilisation, se trouvent quatre ou cinq cent millions d'hommes, formant des peuplades et même quelques nations puissantes, qui vivent chacune sous un chef qu'on peut appeler roi, empereur, ou comme on voudra, mais qui, malgré ce chef obligé de toute association humaine, conservent une indépendance presque sauvage et n'obéissent qu'à quelques lois imparfaites. Ces gens-là, s'il faut le dire, n'ont point d'opéra, de trente et quarante, de gazettes, de juges, de prisons, d'échafauds et autres brimborions si nécessaires aux peuples plus civilisés qu'eux; mais, en revanche, ils ont des mœurs aussi douces que le beau ciel qui les éclaire, ils font l'amour sans façon, ils dorment tranquillement sur leurs nattes, et, de la sorte, ils se croient tout aussi heureux à Gingiro ou à Tunquin, qu'on peut l'être à Londres ou à Paris.

Que conclure de cela? sinon que les pays réputés les mieux gouvernés sont précisément ceux qui le sont le plus mal, ou, en d'autres termes, que les sociétés nombreuses et trop corrompues par la civilisation portent en elles un ver rongeur, un principe de dissolution qui les agite et les tue tôt ou tard, quelle que soit d'ailleurs la forme du gouvernement qu'elles adoptent.

On peut objecter que quelques peuples anciens ont prospéré fort long-temps sous l'égide d'institutions politiques moins parfaites peut-être que celles qui régissent les peuples modernes, et il est très-vrai que les Egyptiens, les Grecs et les Romains ont présenté au monde ce spectacle extraordinaire. Mais il faut faire attention que leur gouvernement était essentiellement théocratique ou fondé sur des préjugés religieux qui seuls pouvaient le faire supporter. Aussi, dès l'instant où, par le cours naturel des choses, ces peuples devinrent plus éclairés et moins superstitieux, leur édifice social s'ébranla et finit par tomber en ruines.

On conçoit très-bien, en effet, que des hommes simples et de bonne foi, qui voyaient des dieux partout et qui tremblaient devant un oignon, devaient avoir une soumission plus qu'humaine, et devenir des modèles de patriotisme et de vertu. Aussi, est-il digne de remarque que les faits héroïques, les préceptes et les actions qui honorent le plus l'humanité, remontent tous à ces temps reculés, et que c'est depuis la chute du paganisme que les hommes, livrés à eux-mêmes et ne croyant plus à rien, sont tombés dans l'apathie et l'esclavage.

Mais ce qui était praticable il y a trois ou quatre

mille ans, ne l'est plus maintenant. Aujourd'hui l'on rirait au nez du législateur qui voudrait ressusciter le polythéisme, comme on se moque de ceux qui invoquent encore le droit divin et la légitimité, c'est-à-dire que, pour nous, il n'existe plus de croyance religieuse capable de nous tenir sous quelque joug que ce soit, et que ce lien salutaire manquant, la société se relâche et ne peut plus subsister.

Notre première folie politique est donc de croire que les hommes du dix-neuvième siècle puissent être gouvernés avec des lois de leur fabrique, quand il est de fait et prouvé par l'expérience que, même avec des lois divines, ils ne peuvent se maintenir en société et sont tout-à-fait ingouvernables. Passons à la seconde folie.

Elle consiste dans une légèreté toute française, qui fait que nous ne sommes jamais contens du gouvernement actuel, fût-il le meilleur du monde, et qui nous porte à conspirer contre lui, pour nous procurer le doux plaisir de lui en substituer un nouveau.

Cette jouissance en vaut une autre, dira-t-on. C'est possible. Je sais que l'inconstance en toute chose caractérise l'homme du jour. Envieux de ce qu'il n'a pas et dégoûté dès qu'il possède, sa vie n'est qu'un mouvement continuel qui le porte vers un repos illusoire et un bonheur chimérique. Ce

défaut de fixité dans les biens et les institutions
qu'il n'a souvent acquis qu'avec beaucoup de peine
et de temps en fait un être réellement malheureux. Semblable aux Danaïdes qui remplissaient
un tonneau sans fond, il travaille, lui, à combler
une félicité sans bornes.

. Ne nous étonnons donc pas, si en fait de gouvernement, l'homme moderne nous présente la
même versatilité qu'en fait de spectacles et de
modes. Du reste c'est moins du gouvernement
qu'il se dégoûte que des personnes qui tiennent
le timon. Sur le trône comme au théâtre, il lui
faut des acteurs nouveaux, et un roi n'est plus
pour lui qu'une idole qu'il encense aujourd'hui
et qu'il brise demain.

Voyez en effet quelle est son inconséquence
dans ce petit pays qui s'étend du 13^me au 26^me
degré de longitude et du 42^me au 52^me de latitude
nord! Là, après une sujétion de plusieurs siècles,
qui, quoiqu'on en dise, avait bien quelqu'avantage, il s'avise un beau matin de secouer le joug
et de s'en affranchir ; soudain il est libre et gouverné par un roi constitutionnel. On doit le croire
satisfait : pas du tout ; il tranche la tête à son roi,
massacre un grand nombre de ses frères et se
met à se gouverner lui-même. Pour le coup il
doit être content..... Nullement. Il maudit son
pouvoir et courbe la tête sous le sceptre d'un

despote, d'un empereur... Mais cette fois?... pas
encore content. Son empereur chancelle, et au
lieu de le soutenir il met à sa place le frère du
roi qu'il a guillotiné. Et il n'est pas encore satisfait? mon dieu non ; au bout d'un an il rappelle
l'empereur déchu et chasse le roi couronné. Et
ce n'est pas fini? tant s'en faut ; il laisse fuir son
empereur et ouvre les bras au roi chassé.... Et
puis? et puis il assomme la garde royale et chasse
encore le roi. Enfin? enfin il fait un roi tout neuf
et le place sur le trône. Dieu soit loué! il est
content sans doute? moins que jamais; il soupire
après la république et quand il aura la république il soupirera après la monarchie (1)?...

En vérité si, étrangers à ce monde, on nous
assurait qu'il y existe un peuple aussi inconstant

---

(1) Un jour les grenouilles *demandèrent un roi*. Jupiter
leur jeta un soliveau Le trouvant trop peu remuant, elles
en demandèrent un autre. Cette fois, Jupiter leur envoya
une grue qui les tua, les croqua et en fit un très-grand
carnage. Nouvelles plaintes de leur part. Alors, le maître
des dieux leur répondit :

> Vous auriez dû premièrement
> Garder votre gouvernement;
> Mais ne l'ayant pas fait, il vous devait suffire
> Que votre premier roi fût débonnaire et doux.
> De celui-ci contentez-vous ,
> De peur d'en rencontrer un pire.

La France en est au *soliveau;* qu'elle prenne garde à
la *grue.*

et aussi frivole que celui-là, nous ne voudrions
pas le croire, à moins que de le supposer fou,
et pourtant ce peuple qui se pique d'avoir l'esprit
juste et cultivé, de posséder un goût épuré, un
tact exquis, les mœurs les plus policées qui existent, ce peuple, si je ne me trompe, est bien le
peuple français dont vous et moi formons la
trente-deux millionième partie et suivons, bon
gré mal gré, la singulière destinée.

On le plaindrait sans doute, on l'excuserait
peut-être s'il reconnaissait ses torts et avouait
qu'un penchant irrésistible le porte vers le mal
et l'oblige à agir de la sorte. Mais, à le croire, il
a raison, toujours raison et c'est l'idole brisée
qui a tort. D'ailleurs, dit-il, il vit dans un siècle
de progrès et de lumières; il perfectionne, il polit
la machine sociale..... Il perfectionne! ah! vraiment ce peuple fantasque perfectionne d'une singulière façon quand il bouleverse et détruit la
besogne de cinquante générations pour la recons-
truire à sa mode. Qu'il daigne écouter un écrivain dont le style et les principes ne s'accordent
guère avec les siens, mais qui n'en mérite pas
moins l'estime et l'admiration des gens sensés.

« Nous nous déplaisons volontiers de la condition présente, dit Montaigne, mais je tiens
pourtant que d'aller désirant le commandement
de peu en un état populaire, ou en la monarchie

une autre espèce de gouvernement, c'est vice et folie. Rien ne presse un état que l'innovation : le changement donne seul forme à l'injustice et à la tyrannie. Quand quelque pièce se démanche, on peut l'étayer; on peut s'opposer à ce que l'altération et corruption naturelles en toutes choses, ne nous éloignent trop de nos commencemens et principes, mais d'entreprendre de refondre une si grande masse et de changer les fondemens d'un si grand bâtiment, c'est faire comme ceux qui, pour décrasser effacent, qui veulent amender les défauts particuliers par une confusion universelle et guérir les maladies par la mort : *Non tàm commutandarum quàm evertendarum rerum cupidi.* ( Cicer. de off. 2. ) »

« Le monde est inepte à se guérir, ajoute-t-il; il est si impatient de ce qui le presse, qu'il ne vise qu'à s'en défaire, sans regarder à quel prix. Nous voyons par mille exemples qu'il se guérit ordinairement à ses dépens. La décharge du mal présent n'est pas guérison, s'il n'y a en général amendement de condition.... Toutes grandes mutations ébranlent les états et les désordonnent, et pour nous voir bien piteusement agités, que n'avons-nous pas fait?..... Le pis que je trouve en notre état, c'est l'instabilité, et que nos lois non plus que nos vêtemens ne puissent prendre aucune forme arrêtée. Il est bien aisé d'accuser d'imperfection un gouvernement, car toutes choses mortelles en sont pleines ; il est bien aisé d'inspirer à un peuple le mépris de ses anciennes observances, jamais homme n'entreprit cela qui n'en vint à bout ; mais d'y établir un meilleur état en la place de celui qu'on a ruiné, à ceci plusieurs se sont morfondus de ceux qui l'avaient entrepris...... Dans les affaires publiques il n'est aucun si mauvais train, pourvu qu'il ait de l'âge et de la constance, qui ne vaille mieux que le changement et remuement. Nos mœurs sont extrêmement corrompues et penchent d'une merveilleuse inclination vers l'empirement ; de nos lois et usances il y en a plusieurs barbares et monstrueuses, toutefois pour la difficulté de nous mettre en meilleur état et le danger de ce croulement, si je pouvais planter une cheville à notre roue et l'arrêter en ce point, je le ferais de bon cœur..... Enfin, dit ce grand observateur, Platon ne consent pas qu'on fasse violence au repos de son pays pour le guérir et n'accepte pas l'amendement qui trouble et hasarde tout, qui coûte le sang et la fortune des citoyens, établissant que l'office d'un homme de bien, en ce cas, est de laisser tout là, et seulement de prier dieu qu'il y porte sa main extraordinaire. »

Je prie Messieurs du *Globe*, de *la Tribune*, de *la Révolution*, du *Courrier*, et de tous les Journaux du *mouvement*; je supplie MM. Lafayette, Lamarque, Mauguin, Salverte, Barrot, et tous leurs honorables amis, de lire attentivement la citation que je viens de faire. Méditée à jeun et de sang froid, elle peut devenir pour eux un sujet de sérieuses et utiles réflexions.

Si, donc, le peuple français n'avait pas perdu la tête, comme je le soutiens, il verrait qu'on ne peut pas changer de gouvernement comme d'habit, et que si, par exemple, il a fallu mille ans pour en établir un, il faut au moins autant de temps pour le modifier de fond en comble, quand toutefois il est susceptible d'être modifié; car les mœurs et les habitudes d'un peuple sont nécessairement l'affaire des siècles, et que, comme l'observe encore Montaigne, les novateurs ne faisant pas un monde nouveau, à l'exemple de Pyrrha et de Cadmus, mais le prenant tout fait et façonné à d'anciennes coutumes, ils ne peuvent le redresser et le tordre contre son pli, sans le fausser et le rompre.

Certes, je ne nie pas que l'on ne puisse renverser un trône, brûler les archives d'un royaume, et improviser un nouveau gouvernement en vingt-quatre heures, comme on peut, en quelques minutes, abattre un vieux tilleul et en planter un jeune. Ces faits ne sont pas rares, et il ne faut pas aller bien loin pour les trouver. Mais je

dis qu'avant que ce nouveau trône soit implanté
dans la nation, et que le jeune tilleul puisse om-
brager le sol, il faudra bien des années...... Et
encore que de tempêtes et de révolutions n'au-
ront-ils pas à craindre !

Ne perdons point de vue, avant d'aller plus
loin, que nous soutenons et que nous venons de
prouver : 1° que la première folie des hommes
est de se croire nés pour la société, 2° que leur
seconde folie, conséquence de la première, est
de changer continuellement de gouvernement.
Passons à la troisième.

Prétendre que le pouvoir absolu est une mons-
truosité sociale, et qu'un bon gouvernement doit
être fondé sur la souveraineté du peuple, cons-
titue cette troisième folie, l'idée fixe, la véritable
monomanie de l'époque.

Faites bien attention à ceci. La France a vécu,
et passablement vécu, pendant douze cents ans à
l'ombre du pouvoir absolu ; durant ce long intervalle, il n'est venu à l'idée de personne de croire
que le pays pût être autrement et mieux gouverné.
Tout-à-coup, et il y a je crois quarante-deux
ans de cela, on s'imagine que le pouvoir d'un
seul est une tyrannie détestable. Un gouvernement mixte ou national est aussitôt établi. Depuis
lors, on a bavardé et on bavarde encore pour
savoir si c'est un droit ou un abus, si c'est un

bien ou un mal. Un fait bien certain est seulement que notre situation politique est toujours allée en empirant, et que, si l'on considère que la génération qui a vu commencer ce changement a déjà éprouvé elle seule plus de vicissitudes et de malheurs que toutes les générations précédentes, cela ne prouve nullement que le nouvel ordre de choses vaille mieux que l'ancien. Voilà d'abord ce que démontre le simple bon sens.

Mais si, levant ensuite les yeux vers le ciel, nous voyons une force unique soumettre l'univers à sa puissance et présider au mouvement du système planétaire; si, les reportant sur ce globe, nous apercevons encore cette force gouvernant tout ce qui y a vie et pénétrant jusque dans les corps inertes pour diriger l'agrégation moléculaire, il faudra bien reconnaître que le pouvoir absolu est la cause première et nécessaire de toute organisation. C'est en envisageant les choses sous un point de vue aussi élevé, qu'Aristote conçut et établit son système monarchique.

La royauté n'est point le malheur des sujets;
Elle préside aux cieux comme aux lieux où nous sommes,
Et gouverne à la fois les astres et les hommes (1).

Et, de bonne foi, comment ose-t-on grave-

(1) Poème de *l'Imagination*, chant I<sup>er</sup>.

ment soutenir que, dans un état composé de plusieurs millions d'individus, chacun est libre et
souverain, quand nous savons tous par expérience
qu'un ménage de trois ou quatre personnes seulement exige un chef qui le gouverne !

En vain l'on citerait quelques états de l'antiquité qui se sont soutenus et ont même prospéré sans le secours d'un joug monarchique.
Ces états, comme ceux de la Grèce, présentaient
une circonscription si étroite et des mœurs si austères, que toute espèce de gouvernement pouvait
s'y établir. Cela ne prouve donc rien contre le
principe que nous soutenons. Quant à la république romaine, sa puissance, véritable phéno-
mène, qui ne se renouvellera plus sur la terre,
fut l'effet des guerres continuelles qu'elle soutint,
et s'évanouit quand, par suite de la civilisation
et du repos public, les citoyens purent se regarder en face. Inutile encore d'opposer nos petites
républiques modernes, qui ne sont qu'une caricature des anciennes, et moins encore l'Angleterre, où un sot et aveugle enthousiasme peut
seul apercevoir un gouvernement libre. Il me
paraît donc évident que dans les états populeux,
et constitués comme ils le sont actuellement en
Europe, tout pouvoir autre que l'absolu y est
une anomalie précaire et funeste.

« Belle condition, disent les partisans de la

liberté, que celle d'un peuple qui gémit sous les chaînes d'un despote et souvent d'un imbécille, tenant son droit de la naissance! » Je l'avoue; c'est une condition assez triste, et il serait peut-être préférable de vivre dans les bois, comme le voulait la bonne nature; mais, puisque nous sommes nés dans un état contraire, par la faute de nos aïeux, il faut bien se résigner aux inconvéniens qu'il présente. Du reste, tous ces grands mots de despotisme, de tyrannie, de pouvoir absolu, de chaînes, d'esclavage, sont des mots vides de sens, de véritables fantômes qui nous épouvantent et ont rarement quelque réalité.

« La sujétion essentielle et effectuelle, dit Montaigne, ne regarde d'entre nous que ceux qui s'y conviennent et qui aiment à s'honorer et enrichir par tel service; car, qui se veut tapir en son foyer et sait conduire sa maison sans querelle ni procès, est aussi libre que le duc de Venise. *Paucos servitus, plures servitutem tenent.* »

Voilà ce qu'écrivait un homme très-digne de foi à une époque où le pouvoir absolu et la féodalité régnaient en France. Bien des gens s'imaginent pourtant que ce pouvoir absolu était, et est encore dans les pays où il existe, un monstre abominable, qui torture et écrase des esclaves. Eh bien! j'ai habité quelques pays prétendus *tyrannisés,* tels que Vienne, Naples, Rome, etc.;

j'y ai vu des peuples qui ne paient presque point d'impôts, qui vivent à peu près pour rien, qui ont de très-belles et très-nombreuses salles de spectacle, des promenades charmantes, des équipages brillans, des manières et des modes aussi élégantes que les nôtres; j'y ai vu des *esclaves* qui vont, viennent, mangent, boivent, chantent, dansent, dorment et font tout ce qui est bien, avec autant de liberté et moins d'inquiétude que nous. Je me rappelle même avec plaisir que me promenant au *Prater* (1), un jour de dimanche où l'affluence de monde était considérable, je vis passer un méchant cabriolet, conduit par un homme seul, assez mal vêtu et que chacun s'empressait de saluer. Ayant demandé quel était cet individu, on me répondit que c'était l'*Empereur*... Si celui-là est un *tyran*, dis-je, au moins il est modeste et ne craint pas le poignard... « Le poignard ! répliqua-t-on vivement ; sachez, monsieur, qu'il n'est pas au monde de souverain meilleur et plus aimé de son peuple. »

A Naples, il est vrai, ce n'était pas tout-à-fait la même chose, et l'échafaud était dressé à la citadelle pour réprimer une sédition qui venait d'éclater; mais ce terrible appareil intimidait seulement quelques perturbateurs et n'empêchait

(1) Promenade située aux environs de Vienne.

pas à une population immense et toute joviale,
de circuler dans la magnifique rue de *Tolède*, à
*Villa-Real*, et d'assister au plus bel opéra du
monde, sans s'inquiéter si c'était un roi absolu
ou constitutionnel qui régnait sur elle.

On crie beaucoup contre les rois qui font in-
carcérer et pendre leurs sujets rebelles. C'est un
très-grand malheur sans doute, mais à qui la
faute? tant que l'on ne me prouvera pas avec de
bonnes raisons que les rois sont des niais qui,
à la moindre menace, doivent descendre du
trône, moi je dirai qu'ils font bien de s'y défen-
dre dans l'intérêt de leurs droits comme dans
celui des peuples qu'ils sont chargés de gouverner.

« Et la souveraineté du peuple, va-t-on s'é-
crier, n'en tenez-vous pas compte? pitoyable
argutie! hé oui, je la reconnais; oui, il est très-
vrai que trente-deux millions d'hommes sont plus
forts et plus souverains qu'une tête couronnée,
mais cette souveraineté est l'état sauvage propre-
ment dit; c'est le droit naturel qui peut être
n'exista jamais et qui a été remplacé par le droit
de convention ou le pouvoir d'un seul. Or celui-
ci n'a été substitué au premier que parce qu'il a
été reconnu impossible de créer une société durable sur la souveraineté de tous, c'est-à-dire sur
la souveraineté de personne, car où tout le monde

est maître personne n'obéit. Ainsi il n'y a pas de milieu: ou les peuples modernes veulent revendiquer leur souveraineté primitive, et alors qu'ils retournent dans les forêts pour en jouir à leur aise; ou ils veulent continuer de vivre en corps de sociétés policées et alors ils sont obligés de renoncer à leur souveraineté individuelle pour se soumettre au pouvoir absolu. Voilà de ces vérités qui sont aussi vieilles que le monde et qu'on est tout étonné d'entendre contester dans un siècle qu'on dit plein de raison et de lumières.

Cependant la plupart des partisans de la souveraineté du peuple, apercevant le vice essentiel de leur système, cherchent à le tempérer en créant un gouvernement mixte, une espèce de Sainte-Trinité politique composée d'un roi électif, d'une aristrocratie viagère et d'une représentation nationale. C'est ce qu'ils appellent un gouvernement *constitutionnel*.

En divisant et en compliquant de la sorte le pouvoir souverain pour y faire concourir tous les prétendans, nos publicistes ont composé un *imbroglio* gouvernemental dans lequel trois ressorts particuliers et contraires se meuvent, se choquent, se tiraillent et se battent quelquefois pour faire aller leur nouvelle machine.

Ils prétendent que ces divers rouages, tendant naturellement à empiéter les uns sur les autres,

se contrebalancent dans leur action réciproque,
de telle sorte que pour marcher ils sont obligés
de se maintenir respectivement dans leur sphère
d'activité. En mécanique cette explication n'aurait pas le sens commun; et une machine, une
montre par exemple qui serait montée sur ce
pied n'avancerait certainement pas d'une seconde
en dix mille ans. Reste à savoir si en politique
une machine constitutionnelle semblable peut se
mouvoir plus aisément. Pour la nôtre elle marche, la chose est sûre, mais elle marche à recu-
lons. C'est, pour continuer la comparaison, une
montre dont on a cassé le grand ressort et dont
tous les rouages, livrés à leur propre force,
éprouvent un mouvement rétrograde.

Et qu'on ne confonde pas ici le mouvement
dont je parle, lequel est un mouvement actif, un
mouvement de vie quand il émane d'une monarchie pure, avec le *mouvement républicain* qui
n'est autre chose qu'un mouvement passif ou de
mort. La différence est telle que ce que je regarde
comme un véritable mouvement social est l'esclavage ou l'inertie aux yeux des radicaux, tandis que ce que j'appelle le mouvement rétrograde
ou de dissolution est pour eux une perfectibilité
progressive.

Un philosophe grec, devant lequel on niait le
mouvement des corps, fit un pas en avant pour

prouver le contraire. Je voudrais bien que les champions du mouvement constitutionnel pussent me montrer aussi clairement les progrès qu'ils font ou qu'ils sont capables de faire.

Les progrès dont il s'agit consistant principalement dans des améliorations matérielles et palpables il leur doit être aisé de nous les montrer. Qu'opposant donc nos temps de liberté à ceux pendant lesquels le pouvoir absolu des Bourbons et de Bonaparte a régné sur la France, il nous disent si durant les deux périodes de 1789 au 18 brumaire, et de 1814 jusqu'à ce jour, nous, hommes libres et constitutionnels avons mangé de meilleurs morceaux, si nous avons dormi d'un sommeil plus tranquille, si nous avons payé moins d'impôts et si enfin nous avons moins bâillé que sous le sceptre de soixante et dix rois et d'un empereur?

Qu'ils nous disent encore si, à l'exception du code civil qui a été élaboré dans le cabinet et sous un despote, les quinze ou vingt mille lois discutées à la tribune nationale ne croupissent pas aujourd'hui dans la poussière et le mépris; si, depuis 1814, ils se sont occupés d'autre chose que de faire et de défaire une mauvaise loi d'élection et de se livrer à des débats législatifs qui ont été pour la France et l'Europe un sujet de risée et de pitié?

Encore s'ils s'entendaient entr'eux ! mais combien n'y a-t-il pas dans leurs rangs de nuances et
d'opinions différentes, depuis le fougueux républicain jusqu'au froid et impassible doctrinaire,
et depuis celui-ci jusqu'au chaud partisan de la
légitimité ! Ecoutez un peu leurs débats..... Avec
quelle aigreur ils s'interpellent, avec quelle inso-
lence ils s'apostrophent et s'adressent les épi-
thètes de *paillasse*, de *farceur*, de *fou* et de
*scélérat* (1) ! Peu s'en faut vraiment qu'ils ne se
prennent au collet et que la tribune nationale
ne devienne bientôt une arène de coups de poing.

Il faut le dire hardiment ; le gouvernement constitutionnel a le grand inconvénient d'être trop
compliqué, trop bavard et d'engendrer des débats
interminables. Peut-on en effet imaginer un chaos
pareil à celui d'un corps législatif qui se compose
de douze à quinze cents membres tant pairs,
députés, ministres, conseillers d'état qu'orateurs
du gouvernement? Le moyen de s'entendre et de
faire quelque chose de bon au milieu d'une telle
pétaudière !

« Aux affaires politiques, dit un auteur que je
me plais toujours à citer, il y a un beau champ
ouvert au branle et à la contestation.... Les dis-

(1) Séance de la chambre des députés, du 12 décembre
1831. (Voyez le *Courrier français* du lendemain.)

cours de Machiavel par exemple étaient assez
solides pour le sujet. Cependant il y a une grande
aisance à les combattre, et ceux qui l'on fait,
n'ont pas laissé moins de facilité à combattre les
leurs. Il se trouverait toujours à un tel argument
de quoi fournir réponse, réplique, duplique,
triplique, quadruplique et cette infinie contexture
de débats que notre chicane a alongée tant qu'elle
a pu en faveur des procès et de la politique. »

La confection des lois exige le recueillement
et la méditation ; c'est ainsi que furent faites
celles d'Egypte, de Grèce et de Rome. Tant
qu'on s'obstinera à discuter les nôtres dans des
assemblées aussi tumultueuses que celles des
chambres et que la simple majorité d'une voix
pourra les faire rejeter ou adopter, l'on est certain que sur cent il y en aura toujours quatre-
vingt-dix-neuf de mauvaises.

Choisissez tel gouvernement despotique que
vous voudrez, même celui du Grand-Turc ; com-
pulsez les lois qu'il a rendues depuis quarante
ans et vous verrez si vous en trouvez une seule
d'aussi absurde et d'aussi injuste qu'un très-grand
nombre de celles qui, depuis la même époque,
sont sorties de notre fabrique constitutionnelle.
Pourquoi cela ? par une raison toute simple : c'est
qu'un roi absolu, quelque méchant ou sot qu'on
le suppose, à moins que ce ne soit un de ces

monstres qui de loin en loin passent sur la terre, n'osera jamais promulguer des lois trop en opposition avec l'esprit de son siècle. L'opinion est une puissance encore plus élevée que lui qui le dominera, tandis que placé à la tête d'un gouvernement populaire il suivra le torrent et n'aura pas personnellement à rougir des fautes qui sont l'affaire de tout le monde.

Mais combien n'y a-t-il pas encore d'autres vices inhérens aux assemblées législatives ! que d'intrigues, que de cabale, que de corruption, que d'ignorance et souvent que de bassesse n'y touvet-on pas ! Voyez l'empressement vaniteux de ceux qui visent à l'honneur de la députation, tous les ressorts plus ou moins honteux qu'ils font jouer pour y parvenir. Ecoutez leurs professions de foi éloquentes, toutes les belles paroles qu'ils adressent aux colléges électoraux, et puis suivez-les à la chambre. Quelle insignifiance ! quelle nullité ! Retranchez en effet de la liste des députés ceux qui, sous le masque d'un faux patriotisme, travaillent seulement pour leur bourse, leurs parens et leurs amis; ceux qui ne parlent que pour acquérir de la célébrité, ceux enfin qui sont muets et qui ne travaillent pas du tout, qu'y restera-t-il ?

Voici un fait qui mérite une sérieuse attention. Depuis quinze ans la France envoie des députés à Paris. Ces députés sont choisis parmi l'élite de la nation. Compte fait leur nombre s'est élevé pendant cet intervalle à 2500 environ. Combien en est-il qui se soient distingués par un beau caractère et un véritable talent oratoire ? une douzaine tout au plus. Sur ces douze, combien en est-il qui fussent au fond de bons législateurs? deux ou trois. Ainsi en quinze ans et dans un pays qui compte trente-deux millions d'habitans on n'a pu trouver que trois hommes capables de faire des lois. Cela n'est point surprenant. La nature a toujours été avare de ce côté et les temps anciens, qui valaient bien le nôtre, n'ont pu produire qu'une sixaine de législateurs marquans dont les noms soient venus jusqu'à nous. Voilà donc qui prouve incontestablement que s'il est aisé de nos jours d'obtenir ce haut mandat, il ne l'est point de l'exécuter et que s'il est difficile de briller à la tribune, il l'est encore davantage de posséder sous ce vernis un vrai génie législatif.

Partant de ce fait, que nieront sans doute ceux qui, pour avoir glissé un chétif amendement dans une loi plus chétive encore, s'imaginent être de grands personnages, et reconnaissant qu'il n'y a peut-être pas actuellement en France douze hommes en état de la gouverner, c'est donc une folie manifeste de notre part que de prendre les premiers députés qui se présentent et de les nommer par centaines. Pour mon compte, je crois

que six législateurs comme les Treillard, les Pas-
calis, les Malleville, les Tronchet, les Carion-
Nisas, etc., etc., enfouis dans une cave avec de
l'encre, une plume et du papier, feraient de
meilleure besogne sur une escabelle que tous
nos oracles qui, perchés à la tribune nationale,
s'y pavanent et ne ressemblent pas mal au cor-
beau de la fable.

Mais un défaut bien autrement déplorable que
présente le gouvernement constitutionnel est celui
qui résulte de la liberté de la presse et de la publicité des débats législatifs. L'opinion commune
néanmoins est que l'une et l'autre font beaucoup
de bien et que sans elles on retomberait dans
l'absolutisme. C'est une erreur que je vais faire
ressortir. En effet, si la politique, et surtout celle
du gouvernement représentatif, était une science
positive et aussi claire que nos sciences mathématiques, il serait certainement très-avantageux
de la livrer chaque jour à la curiosité des gouvernés et de la répandre dans toutes les classes.
Mais comme il n'en est pas ainsi et qu'elle est
une science obscure et contradictoire, il s'ensuit
qu'elle ne peut que perdre à être connue de ceux
qu'elle a la prétention de gouverner, comme il
est arrivé à la religion, à la médecine et aux
autres sciences qui sont devenues un objet de
controverse publique.

Autrefois les législateurs étaient des hommes presque divins, des oracles pour lesquels on avait la plus profonde vénération. Aujourd'hui on les regarde comme des sophistes et des charlatans.

Les peuples se laissent bien encore traiter par eux, mais avec l'incrédulité et la répugnance d'un malade qui se résigne à un remède qui l'empoisonne et le tue. Et quelle confiance peuvent-ils avoir dans leurs lois quand elles ont été discutées, huées et sifflées à la tribune, dans les journaux et dans tous les carrefours du royaume ? Lorsque des médecins se consultent pour un malade, ils se cachent et parlent à voix basse de crainte d'être entendus. Je voudrais que nos législateurs en fissent autant. Il convient que le sanctuaire des lois soit secret et mystérieux parce qu'exposé aux regards de la multitude il lui montre ses défauts.

J'ai donc eu raison de dire que la publicité des débats législatifs, loin d'être favorable à la liberté constitutionnelle, tendait au contraire à nous ramener à l'arbitraire et à l'absolutisme, car cette publicité dessillant les yeux de ceux qui, comme moi et comme des millions d'autres, s'étaient d'abord laissés éblouir par les appas d'un gouvernement populaire, les dégoûtant et ne leur présentant plus celui-ci que comme une déception et une véritable duperie, il s'opère naturellement dans les esprits une contre-révolution qui leur fait désirer l'ancien ordre de choses et qui tôt ou tard les y replacera (1).

Parlerai-je des journaux ? mais qui ne connaît leur redoutable influence sur les affaires publiques ? qui ne sait qu'en combattant le pouvoir absolu des rois sous prétexte d'affranchir les états, ils exercent sur ceux-ci une tyrannie bien plus funeste, bien plus odieuse, soit en leur apprenant ce qu'ils doivent ignorer, soit en les inquiétant, les agitant et en leur communiquant la peste révolutionnaire. Archimède ne demandait qu'un point d'appui pour remuer le monde, et

(1) En 1815, et alors je jugeais comme un jeune homme de vingt-quatre ans, le gouvernement constitutionnel me sembla être une conception assez belle. Il m'apparut comme un de ces météores qu'on ne connait pas et qui vous éblouissent. Toutefois, je m'y soumis sans enthousiasme et j'observai pendant six ans. Au bout de ce temps, et encore fasciné par lui, je me mis à jouir de mes droits électoraux et je figurai dans les rangs constitutionnels, parce que je pensai qu'un galant homme, en pénétrant dans un collége électoral, devait se trouver là ou s'abstenir d'y entrer. Je votai donc comme *libéral*, et je continuai de voter ainsi jusqu'aux dernières élections, auxquelles je ne voulus pas prendre part, attendu que, ouvrant alors les yeux et éclairé par seize ans d'expérience, je vis, à ma honte, que le gouvernement constitutionnel, pour lequel on s'échauffait tant, n'était qu'une mystification et une pure jonglerie.

4

moi je ne veux qu'un journal républicain pour soulever tous les peuples.

Une chose bien démontrée par l'expérience, c'est qu'il est moralement et physiquement impossible de gouverner sous l'empire du journalisme. Je m'en rapporte aux hommes d'état qui après avoir, à la tribune, soutenu et loué la liberté des journaux, sont parvenus au ministère. Qu'ils me disent si cette liberté n'a pas été pour eux tous un écueil contre lequel sont venus échouer leurs efforts, un poignard parricide qui les a immolés dès qu'ils ont tenu en main les rênes du pouvoir?

Et comment pourrait-on gouverner sous l'influence pernicieuse des journaux quand, sans motif légitime et seulement pour plaire à la multitude, ils font une opposition effrénée qui discrédite l'administration et lui suscite mille embarras; quand après avoir excité des émeutes sanglantes et mis le feu aux quatre coins du pays, ils placent le gouvernement dans l'impuissance de l'éteindre !

Ce qu'il y a de plus honteux dans cette publicité quotidienne est l'hypocrite sollicitude qu'elle montre pour les peuples, lorsqu'on sait qu'elle n'est mue que par le plus vil intérêt et que sa devise secrète est *périssent les peuples plutôt que ma bourse !* Les journaux en effet sont une affaire de spéculation et d'argent. C'est un véritable commerce qui n'a d'autre but que de piquer et de tromper la curiosité publique. Pour la tenir en haleine, on embellit, on exagère , on invente des nouvelles, et comme le goût des amateurs se blâse naturellement, nos cuisiniers politiques ont soin d'employer force hauts-goûts et autres in-grédiens pour rendre leurs mets plus appétissans. Mais leur art s'épuise, leurs sauces deviennent fades et, à moins que d'y mettre de l'eau forte et de l'arsenic, elles seront bientôt sans saveur.

Aussi une inquiétude évidente est-elle peinte sur tous les visages. L'arrivée du courrier est tou-jours pour chacun de nous le moment de la journée le plus important et le plus impatiem-ment attendu. Magistrat, artisan, curé, bonne femme, écolier, tout le monde est affamé de nouvelles. On assiége les cercles, les cabinets littéraires et autres lieux où se lisent les feuilles publiques, comme jadis on assiégeait les tavernes et les cabarets. Les journaux arrivent-ils? on se précipite sur la table qu'ils surchargent; on les mêle, on les fouille, on se les arrache. Heureux ceux qui peuvent s'en saisir les premiers, ne fût-ce que du *Mayeux* ou du *Globe!* tandis qu'une troupe désappointée et furetante les envie du coin de l'œil et les retient plusieurs heures à l'avance.

Qu'y a-t-il de nouveau ? telle est aujourd'hui la question de rigueur qui sort de toutes les bouches, même avant les questions de politesse. Autrefois on y répondait en parlant de musique, de comédie, de la mode du jour. Actuellement on répond froidement que les nouvelles sont insignifiantes et sans intérêt, quand il n'y a pas une bonne et belle révolution en train, un roi qui se sauve et quelques millions d'hommes d'égorgés sur le champ de bataille.

Les journaux sont donc une manie et une passion de l'époque, bien des gens ne peuvent pas plus se passer d'eux qu'ils ne se passent de café et de tabac. Libre à chacun sans doute de manger son argent comme il lui plait et de payer fort cher les sottises quotidiennes qui viennent de Paris. Tant que sa bourse et son corps en sont seuls la dupe, personne n'a le droit de s'en formaliser. Mais quand l'ordre et le bien publics peuvent en souffrir et en souffrent effectivement il s'élève, je crois, une question essentielle qui est celle de savoir si les charlatans qu'on nomme *journalistes* peuvent impunément vendre leur baume sur la place publique et empoisonner le peuple crédule ?

Pauvre France ! on l'empoisonne pour la guérir, on l'empoisonne pour l'amuser, on l'empoisonne pour la tuer et on l'empoisonne pour la gouverner ! Il faut vraiment qu'elle ait un tempérament de fer pour y tenir.

Voyez aussi le délabrement de sa santé au milieu de tous les docteurs qui lui tâtent le pouls au Luxembourg et au palais Bourbon. Et de bonne foi peut-elle bien se porter avec six ou huit cents législateurs! que dirait-on d'un malade qui aurait à ses trousses un pareil nombre de médecins? qu'il est perdu. Moi je n'ose en dire autant de la France, mais je puis assurer qu'elle est bien malade et qu'il est impossible qu'elle prenne un air florissant au milieu d'une nuée de docteurs qui, semblables à ceux de M. de Pourceaugnac, la poursuivent avec leurs lois à la main et veulent la guérir malgré elle.

S'il était permis de rire dans un sujet aussi sérieux, l'occasion serait belle, surtout en pensant qu'il est question d'augmenter encore le nombre des *guérisseurs*. Un journal, ordinairement plus sensé que les autres, mais qui par fois a aussi ses momens de frénésie, prétend qu'à peine de voir périr le gouvernement constitutionnel, ce qui, soit dit en passant, serait un malheur bien moins grand que de voir périr la France, il faut à la chambre des députés « des séances animées et dramatiques où les passions se choquent, où les Dupin, les Guizot, les Périer, les Mauguin, les Barrot se heurtent et se combattent.....

des séances où l'on voie figurer toutes les capacités marquantes et originales du jour (1). » Il propose en conséquence d'adjoindre aux acteurs qui sont déjà en scène les Sauzet, les Fonfrède, les La Mennais, les Lamartine, les Béranger, les Delavigne, les Hugo, les Mignet, les Cousin, en un mot tous les génies vivans qui brillent dans les sciences et la littérature.

Voilà qui sera admirable à coup sûr et qui produira les scènes les plus *dramatiques*. Qu'on se figure en effet une séance dans laquelle pendant que M. de Martignac pérorera avec sa voix *flûtée*, M. Barrot tonnera à briser les vitres; où pendant que M. Mauguin soutiendra la république, M. Berryer plaidera pour la monarchie; où lorsque M. Mignet débitera de l'histoire, M. Delavigne récitera ses *Messéniennes;* une séance dans laquelle tandis que M. Victor Hugo jouera la comédie, M. de La Mennais soutiendra les libertés de l'église gallicane, et où enfin lorsque M. Cousin débitera sa métaphysique, M. Béranger chantera un couplet!

Tout cela formera sans doute la symphonie politique la plus curieuse qu'on ait jamais entendue, et il est fâcheux que les tribunes publiques soient si étroites parce que l'affluence sera grande;

(1) *Journal des Débats* du 11 juin 1831.

mais il y aura encore dans cette composition de
la chambre une injustice criante, car les femmes,
les arts et les métiers en seront exclus, quand ils
ont le droit d'y être représentés comme le reste.

Ainsi je ne vois pas pourquoi un musicien tel
que M. Lafond et une femme d'esprit comme la
*contemporaine;* pourquoi les *frères Provençaux*
qui excellent dans l'art culinaire, et M^me Cinti,
dans celui de chanter; pourquoi un confiseur qui
fait des bonbons exquis, et M^me Noblet qui danse
à ravir, je ne vois pas pourquoi, dis-je, ces artis-
tes-là et beaucoup d'autres non moins célèbres,
n'iraient pas prendre place à la chambre des
députés, lorsque les articles 1 et 3 de la charte
constitutionnelle les y autorisent. Leur rôle y
serait assurément aussi intéressant qu'un autre.
Qui ne sait que plus d'une fois l'on discute à
la chambre des choses bien moins importantes
qu'une cantate ou un entrechat? d'ailleurs cette
grande variété de talens donnerait à l'auguste
assemblée un aspect piquant et original. Le mé-
lange des deux sexes y produirait surtout un
excellent effet, en rendant ses délibérations moins
graves et en lui procurant l'avantage de clore ses
séances par un concert ou un bal législatif.

Vous allez dire que c'est renchérir sur les ridi-
cules que présente le gouvernement constitutionnel. Eh bien! non. Tout cela arrivera. Ce qui

paraît ridicule aujourd'hui, sera sage et légal demain ; ce que je demande en plaisantant se réalisera et nous sommes en beau chemin pour y arriver. C'est ainsi que les sénateurs romains, tout en *perfectionnant* leur république, en vinrent petit à petit à s'occuper des sujets les plus frivoles et à délibérer, par exemple, sur la sauce qu'il convenait de faire au fameux turbot dont parle l'histoire.

Nous autres Français qui ne sommes que d'hier pour ce genre de gouvernement, nous le croyons parfait et sans reproche ; nous nous imaginons que l'Angleterre s'y est soumise sans la moindre difficulté et que, puisqu'elle et les Etats-Unis ont l'air de prospérer sous sa bannière, nous devons l'adopter sans examen. Mais on pourrait faire des volumes contre lui et ils se feront avec le temps en France à mesure que l'expérience montrera ses inconvéniens, tout comme Haiwar, Blakwood, Barclay, Land, Manwaring, Sipthorp, Hobbes, Firmer, Heylin et autres auteurs ont fait en Angleterre, en soutenant que la monarchie absolue devait lui être préférée.

Déjà chez nous un écrivain distingué a eu le courage, car il en faut avoir beaucoup pour écrire contre le fanatisme politique, de professer ce principe. C'est M. Azaïs. Après avoir observé que la constitution balancée ne peut convenir à un peuple qui vient d'échapper à de grandes convulsions politiques et qui est encore en proie à l'intérêt particulier des factions, il ajoute : « On peut concevoir une dictature libérale et passagère entre les mains d'un homme généreux, mais on ne conçoit point une anarchie libérale.... Rome commença par avoir des rois.... Rome affermie se constitua en république...... La vieillesse arrive; dit-il plus loin. Elle amène l'indifférence pour les choses éclatantes; elle donne surtout le besoin de la sécurité et du repos. Tout mouvement trop soutenu, toute action vive soit du corps, soit de l'esprit, ne ferait que précipiter le cours des dernières années. Rome, affaiblie par l'âge, revint aux institutions monarchiques. »

Il est clair, en effet, qu'une constitution *balancée*, puisque balancée on l'appelle, ne peut être une selle à tous chevaux, et qu'il est même permis de douter s'il est un seul cheval au monde qui puisse bien s'en accommoder. Pour la France, elle se cabre, elle écume, elle ne peut faire un pas depuis qu'elle la porte. L'Espagne, le Piémont, Naples l'ont essayée; mais, bientôt dégoûtés, ils se la sont laissé enlever sans résistance. Restent la Bavière, la Hollande, la Belgique, le Brésil, qui la supportent encore en lançant de terribles ruades. Quant à l'Angleterre et aux États-Unis, il est inutile d'en parler; ce sont

deux peuples particuliers mis à la réforme depuis long-temps, et dont les reins durs et calleux
supporteraient la selle du Grand-Turc.

Je crois l'avoir déjà dit, et je ne saurais trop
le répéter; quand un gouvernement, quel qu'il
soit, a conservé un état assez prospère pendant
douze à quinze cents ans, c'est folie d'y toucher;
car la plus parfaite et la meilleure constitution
qu'on puisse lui donner, est certainement celle
qu'il a (1). On demandait à Solon s'il avait établi
à Athènes les meilleures lois qui existassent.
« Oui, répondit-il, de celles qu'elle peut supporter. »

Les choses n'ont point changé depuis trois
mille ans; transportez le gouvernement chinois
en Angleterre et le gouvernement britannique en
Chine, qu'aurez-vous? le chaos et l'anarchie.
Que dirait-on d'un vieillard de quatre-vingts
ans qui, après s'être bien porté toute sa vie, en
suivant un régime frugal, se livrerait tout-à-coup

(1) Je ne veux pas dire par là qu'un gouvernement
doive éternellement rester le même. Il est certaines mo-
difications que le temps amène nécessairement. Ainsi,
j'approuve chez nous, comme une conséquence de cette
nécessité, l'abolition des droits féodaux, l'égale répartition de l'impôt, etc.; mais je soutiens qu'on ne peut,
sans danger pour l'état, bouleverser de fond en comble
une vieille constitution telle que la nôtre.

aux excès de l'intempérance et d'une vie déré-
glée? On dirait sans doute qu'il est fou, qu'il se
suicide. Eh bien! il en est de même pour les
peuples accoutumés au pouvoir absolu. Pour
eux, la liberté est un aliment de dure digestion
qui les tue. C'est Rousseau qui l'a dit, et il ne
l'aurait pas dit, que la chose n'en serait pas
moins vraie.

Avouons-le franchement; nous autres Français
sommes des singes, qui, faute de génie, faisons
tout par imitation. Incapables d'inventer, même
une mode, et pourtant voulant du nouveau à
quelque prix que ce soit, nous allons piller chez
nos voisins leurs mœurs et leurs usages. Ainsi,
voyant l'Angleterre et son ancienne colonie d'A-
mérique s'escrimer dans une tribune pour faire
des lois, il nous a pris fantaisie de les imiter et
d'avoir aussi une tribune, sans songer que nous
manquons des qualités requises pour être leurs
émules, et qu'avec un caractère aussi léger que
le nôtre, il est impossible qu'une pareille innovation soit durable. Le gouvernement constitutionnel est pour nous un enfant né hors du pays,
que nous caressons, que nous cherchons à accli-
mater, mais qui ne vivra pas. Souvenez-vous de
ma prophétie.

Et puis, combien ce gouvernement ne pré-
sente-t-il pas encore d'autres défauts essentiels

qu'il serait trop long de signaler dans cette es-
quisse? Ai-je parlé de la manie des élections, qui
nous fait passer les trois-quarts de notre vie à
élire toute la hiérarchie administrative, depuis
le roi jusqu'au caporal de la garde nationale, et
qui, bientôt, soumettra le choix des curés au
scrutin populaire (1)? ai-je parlé de l'esprit d'insurrection et de révolte qui, encouragé par les
hautes insurrections politiques dont nous nous
vantons, se glisse peu à peu dans nos régimens,
dans nos ateliers et jusque dans nos écoles? ai-je
parlé de la ruine du commerce et de l'industrie,
des banqueroutes scandaleuses, qui plongent
nombre de familles dans la misère et qui sont
occasionées par l'état précaire et incertain dans
lequel nous végétons? ai-je parlé du malaise public, de l'inquiétude générale, des impôts oné-
reux, du service vexatoire de la garde nationale,
des destitutions, des violations de domicile, du
pillage des propriétés, des arrestations arbitraires, des lois exceptionnelles, de la guerre civile
et, enfin, de tous les malheurs qui affligent notre
belle France?

(1) Ceci n'est point une plaisanterie. Il vient de pa-
raître une brochure intitulée : *De l'Election populaire
des prêtres*. C'est, comme on voit, pousser un peu loin
l'amour des élections; et, si cela continue, tout porte à
croire que nous élirons bientôt le pape et le Père éternel.

Ainsi, en tout et partout, le gouvernement en
question est vicieux et impraticable : dans les
élections, qui, trop restreintes, sont un privilége, qui, trop étendues, sont l'anarchie ; dans
les députés, qui, probes, ont des opinions diver-
gentes, qui, corrompus, vendent et sacrifient
l'état ; dans les débats législatifs, qui, à la tribune, font de mauvaises lois, qui, dans les journaux, sont une cause de trouble ; enfin, dans la
liberté de la presse, qui, entre les mains du pouvoir, est méprisée et qui, dans celles de l'opposition, est une torche incendiaire.

Un fait que personne ne peut nier est que,
depuis 89, et plus particulièrement depuis 1814,
la France avec ses chartes et ses constitutions
est tout-à-fait ingouvernable. Eloignée de la route
sûre et protectrice où elle s'était maintenue pendant tant de siècles et placée par la révolution sur
un terrain glissant et rapide, elle éprouve depuis
lors un mouvement de masse qui l'entraîne et la
précipite, à peu près comme ces sommités de
rochers qu'un coup de foudre détache et qui roulent avec fracas jusqu'au fond de l'abîme. En vain
la convention, le directoire, le consulat et l'empire ont essayé de l'arrêter dans sa chute ; en vain
le ministère Decazes avec sa *bascule*, le ministère
Gouvion St-Cyr, avec un *lévier plus libéral*, le
ministère Villèle avec son *tourniquet*, le minis-

tère Labourdonnaie avec ses *rigueurs salutaires*,
le ministère Martignac avec ses *concessions*, le
ministère Polignac avec ses *ordonnances*, le ministère Guizot avec ses *doctrines*, le ministère
Laffitte avec sa *fortune*, et enfin le ministère
Périer avec son *juste milieu*, sont intervenus pour
la retenir et la sauver, tous, moins le dernier qui
se débat encore et agonise, ont été renversés et
écrasés par elle.

C'est donc à tort qu'on a beaucoup crié et
qu'on crie sans cesse contre les ministres. Ce sont
de pauvres pygmées qui ne peuvent rien, abso-
lument rien contre la catastrophe qui s'opère ; et
si quelque chose doit surprendre, c'est qu'il s'en
trouve encore d'assez audacieux pour oser soutenir un édifice qui se dissout et s'écroule de toute
part.

Après avoir comparé l'homme de la nature
avec l'homme social, pour établir que c'est le
premier qui est réellement l'homme heureux et
raisonnable, et après avoir pris le second au
sortir des forêts pour le suivre dans ses égare-
mens sociaux et le voir successivement soumis
à des lois sauvages, théocratiques, absolues et
constitutionnelles, il nous reste à l'examiner dans
l'état le plus *parfait* où il puisse se trouver, dans
celui de république.

Un écrivain spirituel remarque avec beaucoup

de raison que la plupart des mots adoptés dans notre langue et qui roulent depuis long-temps dans le commerce de la pensée, ne vont plus aux choses, tant les choses ont partout changé. Parmi ces mots, je citerai ceux de *liberté*, d'*égalité*, de *patrie* et de *république*. Tout le monde croit les entendre, et personne ne les comprend. Ce sont de ces mots hiéroglyphiques qu'une tradition ancienne a transmis jusqu'à nous, et dont M. Champollion lui-même aurait peut-être beaucoup de peine à nous donner une bonne définition. Nous les traduisons bien, mais en les défigurant et en leur donnant un sens tout différent de celui qu'ils avaient chez les anciens.

Demandez d'abord à nos républicains ce que c'est que la république; ils vous diront que c'est un état dans lequel tous les hommes sont libres et égaux.

Demandez-leur ensuite ce que c'est que la *liberté*; ils vous répondront que c'est la faculté libre et entière de s'ameuter dans les rues, de casser les vitres et les reverbères, de briser les mécaniques, de jeter les aristocrates à l'eau, de saccager les églises, de siffler dans les cours d'assises, d'insulter et de menacer la personne du roi, de donner des charivaris aux grands fonctionnaires de l'état, en un mot, de faire tout ce qu'il plaît à un bon et digne citoyen.

Demandez enfin à ces messieurs, c'est-à-dire à ceux qui n'ont rien au soleil, ce que c'est que *l'égalité;* ils vous diront que c'est la communauté des biens et l'abolition de l'hérédité, du pouvoir, des honneurs et de tous les priviléges qui existent dans les états monarchiques. Cela dit et fait, donnez-leur un beau château avec le titre de comte et vingt mille francs de rente, et vous verrez qu'ils s'en accommoderont fort bien.

Voilà, il faut l'avouer, une plaisante république, et il n'est pas douteux que, définie et exécutée de la sorte, elle n'ait beaucoup de partisans en France. Mais ce n'est point ainsi que l'entendaient les anciens peuples que nous voulons imiter.

« Sous le nom de liberté, dit un excellent historien, les Grecs et les Romains se figuraient un état où personne n'est sujet que de la loi, et où la loi est plus puissante que les hommes. »

La seule liberté qu'ils avaient donc, était de faire des lois, mais une fois faites et publiées dans l'état, ils s'y soumettaient respectueusement et en devenaient esclaves. Chez nous au contraire, on veut faire des lois et aussitôt les enfreindre, on veut vivre dans une société heureuse et sagement gouvernée, mais avoir une liberté supérieure à tout, même aux lois qui la gouvernent. Il y a là contradiction choquante entre le désir et le fait. C'est une des nombreuses inconséquences de notre caractère national. Déjà, de terrible mémoire, nous avons vécu sous une république; nous savons tous à quelles extravagances elle a donné lieu, et pourtant il est encore parmi nous des hommes assez insensés pour désirer le retour de ce gouvernement épouvantable !....

Quand j'entends de jeunes énergumènes sortant du collége, et quelques vieux politicomanes échappés au naufrage de 92, demander à hauts cris la *république*, il me semble voir en plein champ des fous qui se disent garottés et qui au cachot se prétendraient libres. Quoi! nous détrônons les rois, nous en choisissons de notre goût, nous jouissons de notre souveraineté dans toute sa plénitude, pas une loi n'est faite sans notre approbation, la presse n'a plus de frein, et nous ne sommes pas assez libres!! Mais qu'on me dise un peu si ce n'est pas là une bonne et belle république, et ce qu'on peut obtenir de plus?

Qui ne voit même que loin de pouvoir aller plus avant, à moins que de tomber dans un abîme, il est impossible que nous conservions ce que nous possédons actuellement de liberté et que, semblables à ces spéculateurs imprudens que des entreprises gigantesques ruinent, nous l'usons et la dissipons?

Il est bien sûr et je l'ai déjà avoué que la république n'est pas entièrement une fiction et qu'on l'a vue prospérer chez quelques peuples de l'antiquité, mais chez eux la république était basée sur l'amour de la patrie, sur celui de la liberté et de la gloire, en un mot sur des mœurs publiques qu'on ne retrouve plus et sans lesquelles elle ne peut exister. La patrie! hélas! en France,

La patrie est un mot sans force et sans effet;
On le prononce encor, mais il n'a plus d'objet.

Si pour elle on vit autrefois Brutus condamner son fils à mort, Horace Coclès résister seul sur un pont aux efforts de toute une armée, et Curtius se jeter dans un abîme; de nos jours on ne voit plus que des *banquets patriotiques*, dans les-quels, pour la sauver, nos citoyens s'enivrent et lui adressent des chansons.

La liberté! nous l'avons dit; la liberté est en France synonyme de licence. Quand on y crie *vive la liberté!* c'est comme si l'on criait : à bas les lois, à bas la justice, à bas la religion, à bas la propriété; vive l'*anarchie!* Sur ce pied on l'aime beaucoup; on l'adore même. Mais à Rome ce n'était pas cela. Le citoyen qui aurait osé demander une pareille liberté eût été lapidé sur-le-champ, car, ainsi que l'observe l'historien précédemment cité, le peuple le plus jaloux de sa liberté que l'univers ait jamais vu, se trouvait en même temps le plus soumis aux magistrats et à la puissance légitime.

La soumission et l'obéissance absolue aux lois régnantes, bonnes ou mauvaises, était donc la liberté de ce peuple de héros. Lorsqu'un orateur montait à la tribune et prononçait, avec l'accent d'une mâle éloquence, le mot sacré de *liberté!* un enthousiasme général, un frémissement universel s'emparait de tout l'auditoire et produisait cet élan admirable qui devait étonner et subjuguer la terre.

Mais, chez nous,

> Que penser, dites-moi, de ce législateur
> Qui, laissant sa raison chez un restaurateur,
> Le visage enflammé, s'élance à la tribune
> Pour y faire éclater une voix importune,
> Dépeindre, après diné, la misère du temps
> Et déplorer l'hiver quand on est au printemps?
> Qu'un projet débattu, n'exigeant plus qu'un vote,
> Dépende par malheur de ce grand patriote,
> Vous verrez que son ventre annulant le scrutin
> De l'état très-heureux changera le destin,
> Et que la liberté qu'il vante à pleine bouche,
> N'est qu'un mot décharné dont l'aspect l'effarouche,
> Un squelette enfumé, tout sanglant et meurtri,
> Qu'il immole en soupant chaque soir chez Véri (1).

(1) Extrait d'un poème inédit.

Depuis long-temps on se plaint beaucoup de l'intempérance de MM. les députés. On prétend que c'est à table

Quant à l'amour de la gloire, nous l'avons à un haut degré, mais il ressemble à celui que nous éprouvons pour les belles ; il est vif et ne dure pas. C'est une espèce de fièvre intermittente qui nous prend et nous laisse au moment où nous nous y attendons le moins. Rien de prévu ni de calculé dans son cours. Sommes-nous dans la servitude, nous y restons douze cents ans sans secouer la tête ; proclame-t-on la liberté, nous tombons à ses pieds et entrons en délire ; survient-il un soldat heureux qui nous remet sous le joug et nous mène à la guerre, nous volons aux combats, nous nous faisons tuer pour la gloire, nous devenons un torrent impétueux qui épouvante et envahit toute l'Europe ; nous arrive-t-il un petit revers, nous jetons bas les armes et

qu'ils traitent les affaires les plus importantes. C'est un très-grand malheur, et il est terrible de penser qu'un verre de Champagne ou une mauvaise digestion puisse influer sur nos affaires d'état. Il faut qu'un législateur soit sobre, il faut surtout qu'il boive peu. Si les nôtres étaient à jeun quand ils discutent, leurs débats seraient beaucoup moins orageux et la France s'en porterait mieux. En attendant un règlement diététique qui les y oblige, il ne serait pas mal de graver le quatrain suivant, extrait de l'*Anti-Gastronomie*, sur le fronton de leur chambre :

O mes amis ! ne mangez guère,
O mes amis ! ne mangez pas ;
S'il est bon de faire repas ,
Il serait mieux de n'en point faire !

nous nous sauvons à toutes jambes; sommes-nous sous les murs de Paris ou à Waterloo, avec l'espoir de sauver la patrie si nous résistons, nous n'en faisons rien, et, fatigués des lauriers qui nous accablent, nous les foulons aux pieds et nous caressons les baïonnettes étrangères.

Voilà le peuple français. Quelle différence entre lui et le peuple qui, par sa valeur et sa persévérance, ne désespéra jamais des affaires de la république, ainsi que le remarque Bossuet, « ni quand Porsenna, roi d'Etrurie, l'affamait sous ses murailles; ni quand les Gaulois, après avoir brûlé leur ville, inondaient tout le pays et les tenaient serrés au Capitole; ni quand Pyrrhus, roi des Epirotes, aussi habile qu'entreprenant, les effrayait par ses éléphans et défaisait toutes leurs armées; ni quand Annibal, déjà tant de fois vainqueur, leur tua encore plus de cinquante mille hommes dans la bataille de Cannes. Ce fut alors que le consul Terentius Varro, qui venait de perdre, par sa faute, une si grande bataille, fut reçu à Rome comme s'il eût été victorieux, parce seulement que, dans un si grand malheur, il n'avait pas désespéré des affaires de la république. »

Quelle différence, encore une fois, entre Rome et la France, entre Terentius Varro vaincu à Cannes et Napoléon vaincu sous les murs de

Paris et à Waterloo? Le premier, par une persévérance admirable, espère toujours, reçoit les
honneurs du triomphe et enfin sauve la république; le second, épouvanté d'un désastre qu'il
pouvait réparer, perd la tête, fuit et laisse le pays
au pouvoir de l'étranger!..... Qui ne sent, par
cette comparaison, que, si l'amour de la gloire,
joint à beaucoup de constance, soutint long-
temps la puissance romaine, chez nous, qui n'ai-
mons la gloire que par boutade et qui manquons
de fermeté, il est impossible de fonder solide-
ment une république.

Mais ce n'est point assez que d'avoir l'amour
de la patrie, de la liberté et de la gloire pour
établir un gouvernement démocratique, il faut
encore des mœurs austères et presque sauvages.
Nos citoyens musqués et dorés vont se récrier,
mais tant pis. Lorsque, à l'exemple de Phocion,
ils puiseront eux-mêmes leur eau et pétriront
leur pain; lorsque, imitant Lucius Valérius, qui
fut quatre fois consul, ils mourront si pauvres
qu'il faudra faire leurs funérailles aux dépens de
l'état; quand ils seront fiers de ressembler à Ré-
gulus, qui prit congé du sénat pour aller cultiver
son champ; à Curius, qui refusa l'or des Sam-
nites, en disant que son plaisir était moins d'en
avoir que de commander à ceux qui en avaient;
à Fabricius, au vainqueur de Pyrrhus, qui ne

vivait que d'herbes préparées de sa main et qui n'avait pour toute vaisselle qu'une tasse de terre; quand ils n'auront pas plus de luxe que les anciens sénateurs romains, dont les habits ne différaient pas de ceux du dernier paysan de la république, et quand, enfin, aussi patriotes qu'Empédocle d'Agrigente, ils refuseront une couronne pour vivre comme simples citoyens, je leur dirai alors : Oui, la république peut vous aller; soyez libres.

Mais, tant que les partisans de la république continueront de vivre dans des palais somptueux, de se faire mollement traîner dans des équipages brillans, de s'asseoir à des festins splendides et de mener une vie dissolue; tant qu'ils seront chamarrés de broderies, de cordons et de titres; tant que nos généraux d'armée s'entoureront de cuisiniers, de valetaille et de tout l'appareil d'un luxe oriental; tant que la cupidité et l'envie de faire fortune seront la passion dominante de toutes les classes de la société; tant qu'un luxe effréné pervertira et ruinera le peuple; tant, enfin, que sur le front de nos hommes d'état on pourra, comme sur celui de l'orateur Démade, lire en gros caractères ces mots honteux : A VENDRE OU A LOUER, je leur dirai : Restez, restez esclaves, vous ne pouvez être autre chose.

Persisteront-ils à vouloir la république? Eh

bien! soit; mais qu'ils s'attendent à voir arriver
chez eux, au bout de six mois, ce qui ne se réa-
lisa à Rome qu'au bout de six siècles. Le voici :
« Le nombre des pauvres s'augmentait sans fin,
dit l'auteur du *Discours sur l'histoire universelle*, par l'effet du luxe, par les débauches et
par la fainéantise qui s'introduisait. Ceux qui se
voyaient ruinés n'avaient de ressource que dans
les séditions, et en tous cas se souciaient peu que
tout pérît après eux. Vous savez que c'est ce qui
fit naître la conjuration de Catilina. *Les grands
ambitieux et les misérables qui n'ont rien à
perdre, aiment toujours le changement. Ces deux
genres de citoyens prévalaient dans Rome, et
l'état mitoyen, qui seul tient tout en balance
dans les états populaires, étant le plus faible,
il fallait que la république tombât.* »

C'est à dessein que j'ai souligné ces derniers
mots. Les amateurs de *constitutions* et de *république* et les libéraux de toutes les nuances *qui
ont quelque chose à perdre*, feront bien de les
méditer et de rechercher si par hasard la France
ne se trouverait pas déjà dans cette triste position.

Montesquieu a dit quelque part qu'une république était fondée sur la vertu, mais c'est une
erreur. « Une république, ainsi que le remarque
judicieusement Voltaire, est fondée sur l'ambition
de chaque citoyen, qui contient l'ambition des

autres ; sur l'orgueil qui réprime l'orgueil, sur le désir de dominer qui ne souffre pas qu'un autre domine. De là se forment des lois qui conservent l'égalité autant qu'il est possible ; c'est une société où des convives d'un appétit égal, mangent à la même table, jusqu'à ce qu'il vienne un homme vorace et vigoureux qui prenne tout pour lui et leur laisse les miettes. »

Ceci est très-vrai. Déjà nous autres Français avons passé par là. Nous étions tous à table, comme on sait, pour faire ensemble un assez mauvais repas, qui commençait déjà à devenir un sujet de violente contestation , quand un homme *vorace* et *vigoureux* se mit de la partie et mangea tout. En fûmes-nous plus malheureux? je ne le pense pas, du moins nous n'en parûmes que mieux portans, et je serais tenté de croire que si ce convive n'était pas mort d'indigestion, ou que si un autre gastronome de sa force et de son appétit se présentait encore à notre table, nous lui abandonnerions volontiers le festin pour ne prendre que les *miettes*.

Une république est donc un gouvernement artificiel et contre nature. C'est une espèce de monstre qui porte dans son sein le germe d'une destruction inévitable, et qui, pour résister quelque temps à ce résultat est obligé, comme on l'a dit naïvement, de *se purger* et de *se saigner* à l'excès, c'est-à-dire d'expatrier et de livrer à la mort des combats une partie des citoyens qu'il ne peut rendre heureux.

Telle est la république dans ses plus beaux jours de vie. Mais combien ne devient-elle pas ensuite hideuse et tyrannique quand, malgré toutes les précautions que la sagesse humaine peut prendre, elle tend à sa fin et se trouve agitée par les factions! Voici le tableau que nous en fait un poète spirituel :

Un état divisé fut toujours malheureux.
De sa liberté vaine, il vante le prestige;
Dans son illusion sa misère l'afflige.
Sans force, sans projets, pour la gloire entrepris,
De l'Europe étonnée il devient le mépris.
Qu'un roi ferme et prudent prenne en ses mains les rênes,
Le peuple avec plaisir reçoit ses douces chaînes;
Tout change, tout renaît, tout s'anime à sa voix;
On marche alors sans crainte aux pénibles exploits.
On soutient les travaux, on prend un nouvel être,
Et les sujets enfin sont dignes de leur maître.

Belle autorité vraiment, vont dire MM. les républicains, que celle d'un poète aristocrate! Quel est son nom? Cet aristocrate-là s'appelait Voltaire, et c'était, comme chacun sait, un poète qui était aussi bon patriote et qui faisait un peu mieux les vers que MM. Delavigne, Viennet, Barthélemy et compagnie.

Un homme, d'ailleurs, qui dit la vérité en prose et que les libéraux ne peuvent récuser s'accorde assez bien sur ce point avec *l'aristocrate de Ferney.* C'est l'auteur du *Contrat social.* Il avoue, liv. 3, ch. 4, que les hommes ne peuvent se gouverner démocratiquement et qu'un gouvernement aussi parfait, aussi difficile que celui de la république ne convient qu'à un peuple de dieux.

Au reste, on ne saurait trop le répéter à ceux qu'abuse le vain mot de *liberté.* Toute société humaine est liée avec des chaînes, et à bien considérer celles de la république, elles sont assurément plus lourdes que le joug du pouvoir le plus absolu. Qui ne voit effectivement que le Turc ou le *lazaroni* qui fume paisiblement sa pipe dans un coin de rue, sans s'inquiéter des doctrines de Machiavel et de Puffendorf, est dix fois plus libre et plus heureux que les ouvriers de Paris et de Lyon qui, après avoir lu les journaux du *mouvement,* courent les rues en séditieux, pour se faire sabrer et mettre au cachot ?

Résumons donc ce qui précède en disant à ceux qui rêvent la république : De tous les hommes vous êtes les plus fous ; vous voulez la liberté et elle est dans les bois ; vous voulez l'égalité et elle n'est qu'au cimetière ! Comment ne voyez-vous pas que ces deux choses sont incompatibles avec la société, que si l'une est contradictoire,

l'autre est une bêtise? Il faut bien vous l'apprendre puisque vous êtes assez sots pour l'ignorer :
l'homme social est un loup en cage; il est libre,
mais libre entre ses barreaux.......

Prévenons ici l'objection la plus spécieuse qui
puisse être faite.

Mais, s'il est vrai, dira-t-on, que le gouvernement constitutionnel et la république (ce qui,
d'après moi, est identique) sont une forme de
gouvernement inférieure à la monarchie absolue,
une espèce de *chimère* politique qui nous trompe
et nous rend malheureux, comment se fait-il que
les hommes les plus éclairés du pays, que cinq
ou six cents pairs et députés s'aveuglent au point
de soutenir des institutions qui nous seraient contraires ?

Comment! et qui ne sait que la France est le
plus crédule, le plus enthousiaste et le plus incon-
séquent de tous les pays? qu'autrefois on a vu
ses parlemens composés de gens *éclairés* pour-
suivre et faire brûler les sorciers; que ses *savans*
ont toujours été à la recherche d'un problème
insoluble; que les *hommes d'état* qui la gouvernent actuellement ont tour à tour encensé comme
le meilleur les dix ou douze gouvernemens qui
s'y sont succédés; et qu'enfin, grands, petits,
vieux, jeunes, bêtes, gens d'esprit, tout le monde
y paie tribut à l'erreur et aux préjugés ?

D'ailleurs, des gens de mérite peuvent fort bien extravaguer en politique. En veut-on un exemple frappant? Le voici.

Personne ne contestera sans doute à M. de Châteaubriand un beau talent et une haute éloquence littéraire, et pourtant de quelle légèreté, pour ne rien dire de plus, ne peut-on pas l'accuser en politique? D'un côté écoutez-le faire l'apologie de la presse, la représenter comme la bienfaitrice du genre humain, et de l'autre dire que la pire des périodes révolutionnaires que nous ayons parcourues est la nôtre, parce que *l'anarchie règne dans la raison, la morale et l'intelligence,* comme s'il était possible que la liberté de la presse fît cesser cette anarchie. Voyez-le à Rome en 1829 (et j'y étais à cette époque) y passant, en qualité d'ambassadeur constitutionnel de France, ses instans diplomatiques tantôt au milieu des cercles libéraux de la *ville éternelle;* tantôt à courtiser la famille *impériale* des Bonaparte qui ne se croit point déchue (1); tantôt à *Villa-Médicis* donnant, en l'honneur de la princesse Hélène de Russie, la fête la plus brillante que Rome moderne ait vue,

_____

(1) Voyez sa nouvelle brochure intitulée : *De la nouvelle proposition relative au bannissement des Bourbons,* etc.

comme s'il était bien d'encenser de la sorte trois divinités aussi différentes que la charte des Bourbons, la couronne de l'empire et le sceptre des Czars (1) !...

Ce n'est pas tout et sans pénétrer plus avant dans la vie politique de cet homme d'état, ouvrez les divers ouvrages qu'il a publiés depuis dix-huit mois seulement et vous verrez avec quelle admirable souplesse il loue l'ancien ordre de choses et la révolution, la république et l'empire, la restauration et les *glorieuses* journées de juillet, Napoléon et Louis XVIII, les libéraux et les royalistes, le duc de Reichstadt et le duc de Bordeaux, comme si tout cela était également digne

---

(1) En 1814, et immédiatement après l'abdication de Napoléon, M. de Châteaubriand publia une brochure dans laquelle il attaquait l'empereur déchu, l'homme de qui il avait reçu des bienfaits, et le représentait comme une espèce d'imbécille, dont la grosse tête était vide de sens et de talent. Maintenant, et surtout depuis la révolution de juillet, le célèbre écrivain se plaît à nous en parler souvent *comme un de ces génies rares que la nature ne produit que tous les deux ou trois mille ans, comme un colosse dont la cendre seule peut faire pencher le globe du côté où elle repose.....* Que M. de Châteaubriand se donne la peine de porter le bout du doigt au milieu de son front, et je lui réponds qu'il trouvera, à côté de la protubérance du génie, une petite bosse qui l'accompagne souvent et qui est celle de l'*inconséquence*.

de louange et ne démontrait pas clairement que
M. le vicomte est dominé par l'hyperbole roman-
tique.

Ainsi quand un homme tel que M. de Châteaubriand bat la campagne en fait de politique et se
déclare le champion de tous les gouvernemens
passés, présens (1) et futurs, je laisse à penser le
cas qu'on doit faire d'une infinité d'hommes d'état,
qui, sans avoir son génie et après avoir, comme
lui, sacrifié aux divers pouvoirs qui nous ont
opprimés, prétendent actuellement que nous
sommes dans l'âge d'or de la politique, et qu'une
constitution libérale est tout ce qu'il y a de plus
parfait.

Une cinquième folie inhérente au tempéra-

---

(1) Il ne faut pas croire que M. de Châteaubriand soit
ennemi du gouvernement actuel. Loin de là, il le vante,
il se glorifie d'avoir combattu pour lui et il est tout prêt
à prendre la *décoration de juillet*, qu'il a du reste fort
bien gagnée, et à aller siéger au Luxembourg, pourvu
seulement que Henri V soit mis à la place de Louis-
Philippe. Son opposition est donc toute personnelle et
n'attaque point le nouvel ordre de choses; d'ailleurs, l'on
sait qu'il est dans la destinée du noble pair d'être toujours en hostilité ouverte avec le roi régnant. Henri V
monterait aujourd'hui sur le trône qu'avant trois mois il
se brouillerait avec lui comme il avait fait avec Louis XVIII
et Charles X. Il est si difficile d'être constant quand on
est *républicain par nature et royaliste par raison !.....*

ment national de la France est celle qui la porte
à faire, à défaire et à refaire continuellement
ses lois organiques. Vainement il est passé en
principe qu'un état est mieux gouverné avec un
petit nombre de lois simples, claires et précises
qu'avec des codes volumineux qui le tourmen-
tent; que leur multiplicité est une preuve de sa
corruption et de sa décadence; en vain la France
possède à elle seule plus de lois que l'Europe et
les trois autres parties du monde civilisé et se
débat dans un dédale où la justice ne voit plus
goutte, elle soutient qu'elle n'a point de lois,
qu'il lui faut des lois et que sans lois elle est per-
due. C'est la soif de l'hydropique.

A chaque session des Chambres, il n'est pas de
mince député qui ne propose une demi-douzaine
de lois pour la désaltérer. La proposition faite,
une commission est chargée de l'examiner et
d'en faire le rapport. Après le rapport, on prononce de beaux discours pour et contre, dans
lesquels les uns prouvent que cette loi est excellente, et les autres qu'elle ne vaut rien. Sur ces
entrefaites, on la corrige avec autant d'amende-
mens qu'elle a d'articles, et une fois adoptée, ce
qui arrive presque toujours, on l'enfouit dans le
*Bulletin des lois*, où elle va dormir à côté de
ses sœurs.

L'occasion de l'appliquer se présente-t-elle?

il s'élève de nouveaux débats devant la justice. Un premier jugement l'approuve, un second la rejette et un troisième l'approuve encore. En sorte que juste ou non, il faut que quelques victimes la subissent, en attendant que le temps et une raison tardive aient démontré que c'est une loi absurde et qui doit être abrogée.

Un législateur ancien, interrogé à quels signes on pouvait reconnaître la corruption et la décadence d'un état, répondit que c'était à la multiplicité des lois et au grand nombre de ses médecins. Cela étant, qu'on juge de la situation déplorable où se trouve la France !

Chez les Locriens on imagina un très-bon moyen pour prévenir cette manie législative. Celui qui proposait d'abolir ou de modifier quelque loi, devait avoir autour de son cou un nœud coulant qu'on serrait sur-le-champ quand sa proposition était rejetée. La même précaution était prise devant les tribunaux envers ceux qui voulaient interpréter une loi. Si l'interprétation était fausse et rejetée on les étranglait à l'instant.

Cela vous paraîtra peut-être un peu sévère. Hé bien ! non. Il faut que les lois soient, après Dieu, tout ce qu'il y a de plus sacré parmi les hommes, du moins c'était l'opinion des peuples qui sont encore aujourd'hui nos maîtres en législation, lesquels pensaient qu'il valait mieux avoir

6

de mauvaises lois et les observer, que d'en avoir de bonnes et de les enfreindre.

On connaît assez leur soumission et leur respect pour le *Zend-Avesta*, le *Vedam*, le *Thot*, le *Pentateuque*, le *Code* et autres livres saints qui les gouvernaient. Chez eux il n'y avait point de souveraineté populaire, d'insurrection, de charte ni de tribune. On obéissait aveuglement aux loix existantes, on les croyait bonnes, c'était un crime d'y toucher, et des hommes tels que MM. L.....te et M...in y eussent été infaillible-ment étranglés.

Faut-il l'avouer? Les mœurs antiques me plaisent beaucoup, et s'il existait encore des peuples semblables à ceux d'autrefois, j'irais volontiers vivre avec eux. Je préférerais certainement leurs lois fixes et rigoureuses aux nôtres qui changent toujours. Mais puisque la providence a voulu que je naquisse ni plus tôt ni plus tard que 1792 et dans un état aussi *libre* que la France, il faut bien que j'y reste. Je voudrais seulement que, pour perfectionner ses institutions, mon pays imitât un peu les anciens dans ce qu'ils avaient de sage et de bon. Le *nœud coulant* des Locriens, par exemple, serait pour lui une excellente acquisition. Suspendu au-dessus de la tribune nationale et passé au cou de tout député qui voudrait faire une motion, il lui inspirerait de salutaires réflexions, il diminuerait l'affluence des orateurs et transformerait cette tribune en une espèce d'arche sainte qu'on n'oserait plus aborder qu'en tremblant.

Et qu'on ne vienne pas dire qu'avant d'adopter le cordon législatif, il faudrait élaguer, purifier nos lois; que sans cette désinfection préalable l'atmosphère politique deviendrait une mofette empestée dans laquelle nous serions asphyxiés faute d'ouverture, parce que la tribune, loin de nous en sortir, ne ferait que nous y enfoncer davantage.

Je sais bien que les trois quarts de nos lois ne valent rien et que, comme au temps de Montaigne, *elles ont presque toutes été faites par des sots;* je sais bien encore que le *bulletin* qui les renferme est une espèce de boutique d'apothicaire dans laquelle, au milieu de l'orviétan, des emplâtres et de la ciguë, se trouvent pêle-mêle une infinité de *simples* sans vertu, mais enfin que faire quand on est dans le bourbier jusqu'aux oreilles? sinon d'imiter la patience de Job, et de conjurer seulement le déluge qui surgit de la tribune pour qu'il ne nous submerge pas entièrement.

Parlerai-je ici d'une religion nouvelle qui veut *abolir sans exception tous les priviléges de la naissance;* qui veut *rétribuer chacun selon sa capacité et chaque capacité selon ses œuvres;*

qui veut *affranchir les travailleurs, émanciper la femme et niveler la propriété;* qui veut.... enfin, qui veut détruire tout ce qui existe pour mettre en œuvre une création nouvelle?

Nous voici arrivés au sommet de la tour de Babel, et au comble de l'extravagance. Dans un examen aussi rapide que celui auquel je me livre, il m'est impossible de suivre les nouveaux doctrinaires dans toutes leurs rêveries. Dire un mot de la doctrine en masse est tout ce que je puis faire.

Voici comment on peut la définir :

La religion de Saint-Simon est l'art d'abolir quelques priviléges naturels et nécessaires pour leur en substituer une infinité d'autres artificiels et tyranniques;

C'est l'art de *cadastrer* l'intelligence humaine et de la classer par *capacité*, à peu près comme dans un domaine l'on classe les champs, et comme dans une cave l'on jauge les tonneaux;

C'est l'art d'évaluer le *travail* de l'évêque et du magistrat sur le même tarif que celui du meunier et du forgeron;

C'est l'art d'ôter le pain à ceux qui en ont pour le donner à ceux qui n'en ont pas, ou, plutôt, de faire périr de faim tout le monde;

C'est l'art de mettre en guerre ouverte ceux qui n'ont rien avec ceux qui ont quelque chose,

et de convertir la société actuelle en une société
de loups qui seront toujours aux prises pour s'arracher les lambeaux de la propriété;

Enfin, c'est l'art de bouleverser une société
établie sur le sol pour la priver de base et la re-
construire en l'air.

Je ne sais trop dans quelle *classe* il plaira aux
révérends pères *Enfantin* et *Olinde-Rodrigues*,
de porter mes œuvres et ma petite capacité; tout
ce que je sais bien, c'est que si je suis chargé de
classer les leurs, elles seront certainement ran-
gées parmi celles des fous les plus dangereux et
les plus dignes de l'attache.

Quand je dis *dangereux*, ce n'est pas que le
nombre des saint-simoniens soit tellement formi-
dable qu'il puisse faire trembler le monde civilisé, puisqu'il ne se compose que de quelques
individus ruinés par suite de banqueroute, ou
d'une misère native; je crois même qu'on pourrait sans inconvénient les laisser aller dans les
rues comme on fait aux imbécilles qui annoncent
la fin du monde, ou quelque chose de semblable,
s'il ne s'y rencontrait que des gens sensés, parce
qu'auprès d'eux ils exciteraient seulement la risée
et la pitié, ainsi que cela leur arrive souvent;
mais quand je les vois chercher des auditeurs
dans les basses classes et la lie du peuple, et que,
non contens de prêcher les principes les plus

subversifs, je les vois encore semer gratuitement leur feuille machiavélique dans les ateliers, dans les cabarets et dans tous les coupe-gorge du royaume pour soulever les ouvriers et les misérables contre les riches qu'ils représentent comme des spoliateurs, je dis alors que ce sont des fous *très-dangereux*, des fous que je m'étonne de voir libres et que l'autorité devrait faire enfermer.

Une erreur funeste qui s'est accréditée depuis quelque temps, même parmi les gens honnêtes, et de laquelle les saint-simoniens tirent un excellent parti dans l'intérêt de leur doctrine, est celle de croire que les *masses*, car c'est ainsi qu'on nomme actuellement la classe ouvrière, sont dans un état de souffrance et de détresse qu'il faut améliorer. On prétend qu'elles travaillent trop, qu'elles ne gagnent pas assez ; que les impôts sur le vin, le tabac et le sel, les empêchent de boire, de fumer, et de saler leur soupe..... On va même jusqu'à dire que ces pauvres masses n'ont point de fusils et qu'on les prive de tous leurs droits politiques !.....

L'accusation est grave, comme on voit, et il n'en faudrait pas tant pour les porter à s'ameuter dans les rues, à crier contre le gouvernement, à enfoncer les boutiques, à voler, à brûler les registres de l'impôt et à se faire mitrailler, ainsi qu'il arrive journellement depuis que ces masses entendent les piteuses doléances dont elles sont l'objet.

Mais d'abord, il est complètement faux que les classes ouvrières en général soient à plaindre. Jamais elles n'ont été plus heureuses, et peut-être même qu'elles le sont trop. En effet, qu'elles s'habillent plus modestement, qu'elles fréquentent moins les cafés et les tripots, qu'elles travaillent au lieu de s'ameuter et de s'occuper de politique, alors leur sort sera meilleur et elles auront certainement de quoi saler leur soupe. Il n'y a de misérables et de gueux dans ce monde que ceux qui le veulent bien.

Il est bien sûr que, dans un pays qui regorge de population et qui est continuellement le jouet de la mode et des révolutions, comme l'est la France, il doit toujours y avoir beaucoup d'ouvriers sans travail ou très-peu salariés, parce qu'il est certaines branches d'industrie qui, après les avoir soutenus, se paralysent et les laissent tomber sur le pavé; mais, quand ce malheur arrive, il faut que, au lieu de crier contre l'administration et les fabricans, qui n'en peuvent pas davantage, ils aillent travailler dans d'autres ateliers, ou, mieux encore, qu'ils retournent à la charrue qui les réclame et qui leur donnera du pain.

La grande plaie du siècle est la fainéantise.

Tel individu aime mieux broder, friser, et faire
aller la navette dans nos grandes cités, que d'aller
péniblement tracer un sillon à la campagne, et
beaucoup de gens préfèrent crever de faim au
coin d'une rue, plutôt que de gagner un hon-
nête salaire. Il semble que la révolution nous ait
gratifiés d'une classe d'hommes inconnus jusqu'à
elle, de celle des *lazaroni*. La seule différence
qu'il y ait entre les nôtres et ceux d'Italie, c'est
qu'en France on encourage leur insolente oisi-
veté, tandis qu'à Naples on les assomme sur-le-
champ quand ils s'avisent d'être séditieux ou
seulement de troubler la tranquillité publique.

Je remarquerai ensuite qu'il est impossible
d'améliorer le sort des masses dans le sens qu'on
l'entend. Un monde dans lequel tous les hommes
seraient égaux en naissance et en fortune est un
monde idéal, une chimère qui ne peut se réaliser.
Toute société est nécessairement établie sur une
classe d'hommes qui possède et qui ne fait rien,
et sur une classe d'hommes qui ne possède pas
et qui travaille. Loin que l'inégalité de condition soit un mal qui exige une réforme, elle est,
au contraire, le principe et la vie du corps
social. Chez la classe qui possède, elle fait naître
des besoins qu'on ne peut satisfaire qu'avec l'aide
de la classe ouvrière ; chez celle qui ne possède
pas, cette inégalité l'oblige à travailler pour vivre

et devient une cause d'émulation pour la faire arriver à une aisance qu'elle convoite et qu'elle peut atteindre. Il est évident que si tout le monde possédait à peu près également, personne ne travaillerait, et que la société cesserait d'exister.

Ainsi, sans inégalité pas de société possible, parce que l'égalité étant l'état de nature, il y a contradiction à vouloir jouir en même temps des droits que confère celle-ci et des avantages que procure celle-là. Il n'y a pas de milieu, et je me plais à faire encore ce dilemme pour mettre à pied de mur des gens malheureusement trop irréfléchis : ou nous voulons vivre dans l'état de nature, ou nous voulons vivre dans l'état de société. Dans le premier cas, il faut, en effet, abolir tous les priviléges, arracher nos limites et renoncer à tous les usages sociaux établis parmi nous; dans le second, il faut se résoudre à voir exister, d'un côté, une classe riche, honorée et oisive, et de l'autre, une classe pauvre, humble et laborieuse. Pour moi, l'option est fort égale, et peut-être même que, si je pouvais choisir, je préfèrerais la vie errante des bois aux douceurs d'une société aussi agitée que la nôtre.

Voulez-vous une preuve palpable que l'inégalité politique, ne fût-elle pas nécessaire à l'existence sociale, se trouve dans l'essence même de l'homme ? La voici.

Supposons qu'un continent désert se couvre tout-à-coup de vingt millions d'habitans, de mœurs et de conditions égales; que ces vingt millions d'habitans se mettent à travailler et à jouir paisiblement du fruit de leur travail. Croyez-vous que cet état de choses durera long-temps ainsi? non, sans doute. Je vous réponds qu'avant huit jours bon nombre de colons paresseux ou prodigues auront déjà vendu leur domaine, et que, avant quelques années, plus de la moitié sera dans le même dénuement.

Il résultera d'abord de là une inégalité matérielle entre la moitié des colons qui se sera ruinée et la moitié qui se sera enrichie. Par le fait, et à peine de mourir de faim ou de voler, les colons pauvres seront obligés de travailler pour les colons riches, qui, vu leur nouvelle aisance, pourront vivre sans rien faire.

Il en résultera ensuite une inégalité morale, parce que les colons riches seront plus considérés et plus honorés que les autres, sur lesquels ils prendront une supériorité relative à la fortune et au rang qu'ils auront dans la colonie.

Un fait intéressant ressort encore de cette hypothèse; c'est que si toute société se compose nécessairement de classes riches et pauvres, il s'établit entre celles-ci une circulation d'individus, qui fait que quand les uns descendent les autres montent, car la richesse, non plus que la pauvreté, n'est point inamovible, et une double pente mène de l'une à l'autre.

Si les saint-simoniens, qui ne sont au reste qu'une méchante doublure des républicains, n'é-taient pas aussi mauvais physiciens que mauvais publicistes, ils devraient savoir qu'en tout et par-tout il y a une inégalité de force et d'action, un défaut d'équilibre qui est la cause première du mouvement universel. Admettez un instant que, dans les cieux, il y ait égalité de volume et d'at-traction parmi les planètes; que, sur la terre, il y ait égalité de fortune et de pouvoir parmi les hommes, et qu'enfin, dans l'intérieur des êtres vivans, il y ait égalité d'organes et d'affinité, vous n'aurez plus que le repos absolu ou le néant. On trompe donc les masses ou les classes qui ne possèdent pas, quand on leur dit qu'elles peuvent être plus heureuses qu'elles ne le sont. Il faut que, dans le corps social, il y ait des masses pauvres, malheureuses, infirmes même, tout comme dans le corps humain il y a des parties abjectes et plus ou moins honteuses. Si c'est mauvais, prenez-vous-en à Dieu; il l'a voulu ainsi.

D'ailleurs, les masses sont insatiables, jamais contentes de ce qu'elles ont. Donnez-leur aujour-d'hui double salaire, du vin, du tabac, du sel, tout ce que vous voudrez; demain elles demanderont autre chose et se prétendront encore malheureuses, d'où il faut conclure que, loin de les exciter par de sottes et coupables déclamations, il faut, au contraire, les refouler dans leur sphère et les y contenir avec fermeté.

Une dernière folie, que je dois enregistrer dans cet opuscule, est celle qui dénature le caractère français et le rend sérieux dans la chose du monde la mieux faite pour exciter sa gaieté. On le sait, chez nous on met tout en chanson et en caricature; on rit de tout, même de ce qui n'est pas risible; rien n'échappe à notre humeur bouffonne. La politique seule fait exception à cette règle et semble avoir le triste privilége de nous flétrir la rate.

En vérité, il y a bien de l'audace de ma part. Quoi! la France entière encense cette déesse, chacun se prosterne à ses pieds, tout le monde brigue ses faveurs, et moi je suis le seul, le premier peut-être, qui profane son autel et qui ose me moquer d'elle !!

Savez-vous d'où vient mon impiété! C'est que, libre et indépendant comme l'air que je respire, dix fois plus libre qu'un républicain, quoique je ne le sois pas, je n'ai jamais mendié de places et je n'en veux point. Mon rôle n'est-il pas assez beau, quand je dis à cette divinité : Je suis ton tributaire, c'est fort bien ; chaque année, je te donne le quart de mon revenu, mieux encore; je me soumets et j'obéis à tes lois, c'est mon devoir; mais quand une fois j'ai satisfait à tout cela, n'attends plus rien de ma part, pas même de vaines et fausses flagorneries. Dès l'instant où je t'ai payée, je suis au parterre et, selon la comédie que tu joues, j'ai acquis le droit incontestable de t'applaudir ou de te siffler.

Après cette petite digression, que j'ai jugée nécessaire et qui aurait peut-être dû servir de préface à ma critique, revenons au fait. Je disais que la politique nous rend tristes, moroses, j'aurais pu dire méchans. Je ne veux pas parler des instans terribles qui la virent naître et où sa mère, la révolution, faisait couler tant de larmes. Ces instans sont déjà bien loin de nous, et il ne faut plus en parler. Aujourd'hui, moins cruelle, humanisée par le malheur, elle ne nous fait point couper le cou parce que nous avons telle ou telle opinion, mais elle nous brouille, nous divise et nous ferait volontiers arracher les yeux.

Ce n'est pas qu'au fond nous nous attachions plutôt à un parti qu'à un autre; nous sommes trop égoïstes pour cela. Notre politique secrète est la politique des places ou des honneurs et priviléges que nous avons perdus. Prenez un royaliste, un henriquinquiste, un napoléoniste, un républicain et un saint-simonien, dites-leur à l'oreille que le règne de leur idole est passé sans retour, que le dey d'Alger doit monter sur le trône de France, qu'il leur donnera des emplois et des titres, s'ils lui prêtent serment de *fidélité*, et vous verrez que tous les cinq tourneront le dos à leur idole pour encenser le dey d'Alger.

En l'état, et depuis seize ans, la France se trouve divisée en deux partis distincts, alternativement vainqueurs et vaincus. Le parti vainqueur accapare d'abord toutes les places, il prend ensuite l'air radieux, le langage hautain, la démarche fière ; il se couvre de rubans et de cocardes, chante et donne des fêtes ; il croit être dans le meilleur des mondes possibles ; d'après lui, tout prospère, l'âge d'or va reluire ; ses actions et sa vie entière sont consacrés à consolider cette brillante illusion.

Tandis que tout ceci se passe d'un côté de la scène, le parti vaincu se lamente et se désespère dans un autre coin. On le reconnaît à son œil triste et abattu, à son visage pâle et crispé, à sa démarche inquiète et rapide. Il fuit les spectacles, les cafés, les bals, tous les lieux publics. Il forme des associations et des clubs pour conspirer en secret contre le nouvel ordre de choses. A le croire, tout est perdu, le gouvernement est détestable, il n'y a pas moyen d'y tenir. Enfin, il s'imagine être très-malheureux et il l'est effectivement.

La roue de fortune vient-elle à changer, crac! il bondit de ses réduits ténébreux, il triomphe, il applaudit; tandis que le parti qui, naguères, était vainqueur bat en retraite et va tristement prendre sa place. C'est au sérieux ce que le jeu de cachette est pour rire : chacun à son tour doit s'aller mettre à l'ombre.

Je disais seize, mais il y a quarante ans et plus que cette singulière comédie dure, car avant que Napoléon nous eût chassés de la scène et se fût mis à jouer tout seul, nous avions déjà commencé la pièce, et Dieu sait si nous nous en donnions. Or, le monologue impérial n'ayant pas été l'acte le moins intéressant de ce drame, il s'ensuit qu'il a près d'un demi-siècle de date. C'est un peu long, et il serait vraiment curieux de savoir quand et comment il finira.

Ce que nous savons bien, en attendant le dénouement, c'est que nous nous ennuyons à mourir, et que nous sommes las de donner notre argent. En vain des acteurs nouveaux et d'un grand talent se succèdent rapidement sur la scène, en vain ils font leurs efforts pour nous amuser et nous tenir en haleine, nous baillons et nous serions tentés de leur cracher au visage. Nous sommes arrivés à ce point de fatigue et de dégoût qui exigent que la toile baisse et que nous allions nous reposer.

Le repos ! mais hélas! peut-on le goûter en France, sur cette terre classique de l'inconstance et du mouvement perpétuel? Notre pays subit le sort du juif errant : il court, il court sans savoir où il va.

Ainsi, pour résumer en deux mots ce qui vient d'être dit, la France est la victime et le jouet des charlatans de toute espèce qui la traitent. C'est un malade capricieux qui s'entoure de législateurs, d'avocats, de médecins, de curés, de bateleurs et d'histrions, dans l'espoir de se guérir et qui, loin d'obtenir ce résultat, ruine son corps et sa bourse.

Savez-vous ce que fit une fois un docteur judicieux pour guérir un hypocondriaque dont la chambre était toujours pleine de médecins, de drogues et de livres de médecine? Il y entra avec un air d'autorité ; il jeta les livres au feu, les fioles par la fenêtre et mit ses confrères à la porte. Monsieur, dit-il ensuite au malade qui se récriait, je suis ici le maître; depuis long-temps vous m'avez choisi pour votre médecin ordinaire, et en cette qualité je vous ordonne de ne plus prendre de remèdes, de ne plus consulter de médecins, de manger ce qu'il vous plaira, de boire le meilleur vin de votre cave et de voir en

moi plutôt un ami qui veut vous guérir qu'un
médecin qui vous tuerait infailliblement. Le
malade se calma, suivit ce nouveau régime et
guérit en effet.

Voilà le médecin, voilà le législateur qu'il faudrait à la France ; qu'il s'en trouve un doué d'assez
de courage et de supériorité pour brûler le fatras
de lois qui la tyrannisent, pour chasser les em-
piriques qui l'abîment, et qu'il lui dise ensuite :
Je suis maître chez toi. A ce titre, je veux te
rendre plus heureuse avec dix ou douze lois bien
faites et bien observées qu'avec les cent mille qui
t'accablent. Je te défends donc de t'occuper
désormais de politique, et d'avoir d'autre législateur que moi. Livre-toi au commerce, à
l'industrie, aux sciences, à la littérature et à tes
plaisirs ; c'est bien assez pour t'occuper et te
distraire. Quant au reste je m'en charge et tu
peux compter que j'y veillerai avec une sollicitude toute paternelle. Qu'il se trouve en France,
dis-je, un homme de cette trempe et de ce caractère et la France sera sauvée.

Du reste il ne faut point se dissimuler que cette
pauvre France est déjà bien vieille et cacochyme.
C'est un vieillard de quatre-vingts ans qui peut
encore avoir quelques années à vivre, mais qui
mourra quoiqu'il fasse. Ses jours s'étant écoulés
dans la dissipation et sous la surveillance d'un

tuteur, il lui en faut encore un, mais pas davantage; car en lui en donnant plusieurs on le tra-
casserait inutilement, et l'en priver tout-à-fait,
au moment où il radote et fléchit, serait le livrer
à une chute certaine et hâter ses derniers instans.

« La société ne périt point, mais les sociétés
périssent, dit M. de Châteaubriand dans sa dernière brochure; nos lumières seront transmises à
la postérité et profiteront au genre humain, mais
il est possible que nous-mêmes, comme nation,
nous entrions dans les jours de notre décrépitude.
Tout paraît usé; arts, littérature, mœurs, passions, tout se détériore. Les plus nobles délasse-
mens de l'esprit sont remplacés par des spectacles grossiers...... En politique même aberration :
on a vu la liberté dans la forme républicaine;
on l'a vue dans la forme monarchique sous la
légitimité; on a joui du despotisme sous la gloire;
on n'a pu se tenir à rien. On ne croit plus à la
liberté ni à la tyrannie, ou plutôt l'une et l'autre
ne semblent plus possibles. La pire des périodes
que nous ayons parcourues, semble être celle où
nous sommes, *parce que l'anarchie règne dans
la raison, dans la morale et dans l'intelligence.* »

Voilà qui est très-bien dit et très-bien jugé. Il
est fâcheux seulement que M. le vicomte, après
avoir mis le doigt sur la plaie indique un aussi

mauvais remède que la *liberté*. C'est comme s'il disait à un homme enfermé aux Petites-Maisons: Mon ami, vous êtes fou; la chose est sûre. Pour vous guérir, sortez d'ici et allez courir les champs.

Mais, dira-t-on, puisque la France est, de votre aveu, farcie d'humeurs et atteinte de fièvre chaude, il faut bien faire quelque chose pour la soulager, si l'on ne peut la guérir. Vous critiquez tous les remèdes proposés et n'en indiquez aucun. Vous voulez qu'on lui donne un tuteur, mais que devra faire ce tuteur? expliquez-vous, faudra-t-il qu'il la *purge*, qu'il la *saigne?*

Je ne le pense pas. Sylla, en pareille occurrence, purgea Rome, et Rome entra en convulsion. Le directoire, au 18 fructidor, voulut purger la France pour peupler les déserts de Sinnamari, et la France s'en trouva très-mal. Je crois donc que les *purgations politiques* sont toujours mauvaises et qu'il ne faut pas plus s'en servir que du remède *Leroy*.

Reste la *saignée*. Pour la faire, on peut employer deux moyens : 1º l'échafaud, mais nous ne sommes pas encore assez patriotes pour cela; il faut attendre que le bon temps de Robespierre soit revenu; 2º la guerre, mais le docteur Bonaparte, grâce à elle, nous a saignés, et si bien saignés, pendant vingt ans que nous sommes tombés en syncope entre les mains des Cosaques, d'où il faut conclure que les *saignées politiques* ne nous conviennent pas et qu'il ne faut plus y revenir.

Mais enfin que faut-il faire ? Rien, du moins rien en fait de remèdes héroïques et violens. Le traitement doit être négatif. Tenez, voici mon ordonnance.

1º Prenez le premier roi venu, celui que nous avons ou un autre, peu importe, pourvu que nous le respections et que nous le regardions comme le chef de l'état;

2º Mettez à sa droite six bons ministres, non point de ces ministres babillards qui parlent bien et qui administrent mal, mais de ceux qui, comme Sully et Colbert font tout le contraire;

3º Placez à sa gauche vingt conseillers d'état, choisis parmi les hommes les plus éclairés et les plus probes du pays;

4º Cela fait, remerciez poliment MM. les pairs et députés, et dites-leur de s'aller coucher;

5º Priez MM. les électeurs de manger tranquillement leur soupe au coin du feu sans plus se mêler d'élections ni d'affaires d'état;

6º Supprimez la liberté de la presse en ce qui touche la politique et permettez qu'elle s'occupe seulement de spectacles, de modes et de gastronomie, c'est bien assez;

7º Que la tribune nationale devienne une chaire évangélique dans l'église Notre-Dame de Paris;

8º Faites raser les palais du Luxembourg et de l'Elysée-Bourbon pour construire à leur place des Petites-Maisons dans lesquelles seront enfermés les journalistes, les écrivains, les républicains, les saint-simoniens et tous ceux qui seront rebelles à la réforme proposée ;

9º Faites proclamer à son de trompe que vu l'état d'enfance et d'imbécillité où est tombée la France, on a été obligé de l'interdire de ses *droits politiques* et de la mettre en tutelle ;

10º Enfin, toutes ces précautions étant prises, confiez le timon de l'état au roi, et, sans plus vous occuper de la manœuvre, dites, en faisant le signe de croix : *Salvum fac populum tuum, Domine, et benedic hæreditati tuæ.*

FIN.

www.ingramcontent.com/pod-product-compliance
Lightning Source LLC
Chambersburg PA
CBHW060624100426
42744CB00008B/1488